L'Aventure automobile en France

Direction de la publication :
Carine Girac-Marinier / Sophie Descours

Direction éditoriale :
Christine Dauphant

Édition :
Véronique Tahon

Couverture :
François Meunier

Iconographie :
Frédéric Mazuy, Valérie Perrin

Mise en page :
Romuald Gallauziaux

Fabrication :
Donia Faiz / Ombeline Canaud

L'Éditeur tient tout particulièrement à remercier :
M. Martin Biju-Duval, directeur de la Cité de l'Automobile,
Mme Emeline Cantinol de Aixam-Mega,
M. Emmanuel Piat des Archives historiques de l'Automobile Club de France,
Mme Anne Beynat de Bugatti,
Mme Catherine Oudoul de la Médiathèque Citroën,
M. Hervé Charpentier, conservateur du Musée de l'Aventure Peugeot à Sochaux,
Mme Anaïs Davezac de PGO Automobiles,
Mme Emmanuelle Huet de Prodigious,
Mme Emmanuelle Batard de Publicis Conseil,
Mesdames Hélène Bocquet, Tamara Mc Koy et Carole Marlot de la Médiathèque Renault,
Mme Isabelle Barrès de Venturi Automobiles.

ISBN : 978-2-03-599336-6

L'Aventure automobile en France

Christian Choupin

LAROUSSE

Sommaire

B&H
DAVENE

elf
8693 HG 76

24 HEURES DU MANS
1 CLASSEMENT GENERAL A L'INDICE DE PERFORMANCE
PREMIER MONOPOLE-PANHARD
MM. DE MONTREMY & HEMARD, QUI RENOUVELLENT AINSI LEUR EXPLOIT DE 1950
2ME DYNA PANHARD
MM. GAILLARD & CHANCEL
DEVANT 60 VOITURES REPRESENTANT L'ELITE DE LA CONSTRUCTION MONDIALE
SIX PANHARD AU DEPART
SIX PANHARD A L'ARRIVEE
La DYNA
PANHARD
GRANDE TRIOMPHATRICE SPORTIVE, S'ADJUGE
CINQUANTE VICTOIRES
EN FRANCE ET A L'ETRANGER

Avant-propos

Depuis plus d'un siècle, l'automobile a révolutionné notre mode de vie. Serait-elle l'invention la plus marquante du monde moderne ?

Au même titre que l'avion, la voiture a bouleversé les us et coutumes. Symbole de liberté, de voyage, elle est celle qui permet d'aller toujours plus vite, toujours plus loin et sans contraintes. Au-delà de l'objet fascinant, sculptural et esthétique, la voiture véhicule une certaine image de ses utilisateurs. Si les grandes berlines ont la préférence des familles nombreuses, les hommes ont, eux, une attirance pour les coupés sportifs, tandis que les femmes vont raffoler de la dernière petite citadine à la mode.

L'automobile est ainsi, pensée pour correspondre à nos styles de vie, nous proposer encore et toujours maintes innovations techniques pour mieux satisfaire nos désirs. Des Trente Glorieuses à la production de masse, en passant par la société de consommation ou l'apparition d'un deuxième véhicule pour les ménages, la voiture s'est toujours affirmée comme essentielle et universelle.

Du tacot héroïque aux berlines modernes bardées d'électronique, la magie continue d'opérer. Synonyme de rêve et de plaisir, l'automobile doit aujourd'hui faire face aux problèmes environnementaux et devenir hybride, électrique ou à hydrogène. Tout au long de son histoire, à l'image des grands hommes, certaines ont marqué leur époque et laissé une trace indélébile grâce à leur style, leur réussite commerciale ou leurs avancées technologiques. Mais ce qui la caractérise vraiment, c'est le lien qu'elle a su créer avec chacun d'entre nous, sa fidélité et sa présence aux différentes étapes de notre vie et dans tous nos souvenirs. Car qui ne se rappelle pas de sa première voiture, de ses premiers émois au volant, de son premier voyage... ?

L'aventure commence...

L'automobile n'aurait jamais vu le jour sans le développement des machines à vapeur au XVIIe siècle et sans les progrès de la physique qui reposaient alors sur les travaux de Galilée, Torricelli, Von Guericke, et notamment de Pascal sur le rôle de la chaleur dans les changements d'état entre phase liquide et gazeuse. Si chacun de ces éminents scientifiques a amené sa pierre à l'édifice, un autre va concevoir le premier prototype de propulsion d'un engin à roues : Nicolas Joseph Cugnot.

Un projet ambitieux

Aîné d'une fratrie de douze enfants, Nicolas Joseph Cugnot est né le 26 février 1725. À l'âge de 23 ans, il devient ingénieur. À la faveur des événements politiques de l'époque, il signe un contrat au service des armées impériales autrichiennes qui va lui permettre d'accéder aux avancements technologiques en ce qui concerne les premières machines à vapeur. Une idée germe alors dans l'esprit inventif de ce Français, une idée qu'il mettra en pratique lorsqu'il retournera à la vie civile. Dans le domaine militaire, pour remplacer les chevaux dont l'entretien est jugé fastidieux, Cugnot imagine un « chariot à feu » qui utiliserait la technique de la machine à vapeur pour faciliter le transport de personnes ou de pièces d'artillerie dans l'infanterie.

Premier essai, premier accident !

Les premiers essais ont lieu à Vanves en novembre 1770. Malheureusement, Cugnot ne parvient pas à freiner son fardier qui fonce tout droit dans un mur – la faute aux freins quelque peu fébriles de l'engin...

Mais le génial inventeur ne compte pas s'arrêter là. En juin 1771, son « véhicule » est réparé. Cependant, en chemin, il a perdu deux de ses précieux soutiens financiers et son fardier coûte 20 000 livres de l'époque – l'équivalent de 200 000 euros de nos jours. Les essais ne pouvant être poursuivis, le prototype et sa marmite géante capable de rouler à l'allure d'un homme à pied est entreposé dans un hangar où il tombe dans l'oubli.

Un exemplaire unique

Si le fardier de Cugnot s'est avéré incapable de remplacer efficacement les chevaux, il s'agit cependant bel et bien du premier véhicule jamais construit mû par une machine à vapeur à deux cylindres. Décédé en 1804, Nicolas Joseph Cugnot ne s'était donc pas fourvoyé dans la mise au point de son fardier, balbutiement de ce que l'on appellera plus tard une voiture.

LE FARDIER DE CUGNOT

Tirant son nom d'une pièce d'artillerie lourde, cet ancêtre de l'automobile mais aussi des chars d'assauts modernes a des mensurations plus qu'impressionnantes : 7,25m de long et 2,19m de large pour un poids d'environ 8 tonnes en charge !

L'une des premières voitures à vapeur, commandée par un médecin de Chantilly, le docteur Jacquot (1878).

Le premier accident automobile de l'histoire : le fardier de Cugnot finit sa course dans un mur (1770).

D'une Exposition universelle à une autre…

L'Obéissante est présentée en 1878, lors de l'Exposition universelle de Paris, en compagnie de la Mancelle, plus légère et capable cette fois de dépasser les 40 km/h. En 1889, toujours à Paris, aux côtés de l'étincelante Tour Eiffel, un véhicule à vapeur à mi-chemin entre la voiture et le tricycle est présenté par la firme Serpollet-Peugeot. Motorisé par une chaudière à vaporisation instantanée, il connaît un succès considérable au point d'être considéré comme une voiture dans son utilisation. Son inventeur, Léon Serpollet, sera d'ailleurs le premier à obtenir au volant de son invention le permis de conduire français.

Une idée qui va susciter bien des vocations

En 1801, une drôle de carriole à trois roues dénommée « London Steam Carriage » arpente les rues de Londres. Elle est l'œuvre du fantasque Britannique Richard Trevithick et est capable de transporter neuf passagers. Seul bémol, ce gros triporteur connaît d'importants problèmes de direction et l'état des rues empruntées alors ne va guère lui laisser d'avenir.

Si la mouvance britannique est en avance dans le domaine des machines à vapeur, c'est notamment grâce à leur réseau de chemin de fer en pleine croissance à cette époque. Mais c'était sans compter avec une loi contraignante qui va retarder leur avancée : en effet, les diligences à vapeur ont alors l'obligation de rouler à la vitesse maximale de 10 km/h et nécessitent la présence d'un ouvreur à pied agitant un drapeau rouge…

La France va donc offrir à l'automobile à vapeur un avenir plus clément. En 1873, un certain Amédée Bollée commercialise la première véritable voiture à vapeur : ce sera l'Obéissante, qui transporte à son bord douze personnes à une vitesse de pointe de 40 km/h. Le cheval peut désormais retourner à ses écuries !

LE TRICYCLE SERPOLLET

Le générateur instantané de vapeur breveté par Léon Serpollet a considérablement réduit le risque d'explosion du moteur à vapeur et était capable d'atteindre la vitesse de 25 km/h grâce à une boîte à deux vitesses. Pour la mise en route, une pompe était actionnée par un levier à main. La vitesse se réglait sur la barre de gouvernail et agissait sur un robinet déterminant le retour de l'eau refoulée par la pompe. Tout un processus…

La première voiture créée par Léon Serpollet, « la Voiture Miracle », fait la une de la presse (avril 1891).

AMÉDÉE BOLLÉE ET LA MANCELLE

En 1878, une cinquantaine d'exemplaires de ce modèle est fabriquée et vendue. Le moteur à vapeur est situé à l'avant avec une boîte de vitesses et un différentiel. Trois années auparavant, la Mancelle avait accompli le premier voyage Le Mans-Paris en 18 heures et écopé de 75 procès-verbaux, la circulation étant à l'époque interdite sans chevaux !

Une invention explosive !

Au XIXe siècle, l'homme a un rêve : pouvoir se déplacer grâce à un engin motorisé, simple et pratique, tel le vélocipède. Mais la machine à vapeur, dont les avancées technologiques sont alors les plus remarquables, n'offre pas à tout un chacun une facilité d'utilisation. En effet, démarrer ce type de machine n'est pas simple : porter l'eau à ébullition demande un temps d'attente élevé et les risques d'explosion sont bien réels, certaines locomotives à vapeur représentant 70 % de leur poids avec la seule machinerie. Pourtant, si les partisans de la vapeur mènent à bien leurs projets avec ce type de moteur, d'autres furent des précurseurs dans le domaine du moteur à explosion, plus compact, et dont les performances laissent entrevoir de très intéressantes perspectives pour l'automobile...

Usine de fabrication du moteur à gaz horizontal 4 CV de Nikolaus Otto (1868).

Un touche-à-tout de génie

En 1860, Étienne Lenoir, un autodidacte d'origine belge naturalisé français, met en chantier un brevet intitulé : « Système de moteur à air dilaté par la combustion des gaz enflammés par l'électricité, susceptible de remplacer la vapeur comme force motrice ». Il s'agit en fait d'un moteur à 2 temps fonctionnant selon le principe suivant : dans un premier temps, le piston s'éloigne du fond du cylindre, aspire l'air, le gaz d'éclairage servant comme carburant. Vers le milieu de sa course, l'ouverture d'aspiration est fermée, une étincelle éclate au fond du cylindre et produit l'explosion. La fin de la course est motrice du fait de la détente des gaz brûlés. Puis, dans un second temps, le piston, en revenant sur sa course, chasse à l'extérieur les gaz de combustion par une soupape d'échappement commandée mécaniquement par le moteur. Ce processus théorique est la base de fonctionnement du moteur moderne à explosion. Si les premiers modèles sont de véritables mastodontes, leur rendement s'avère plus que fébrile : 2 chevaux pour une exploitation fluviale sur un bateau capable d'atteindre la vitesse de 18 km/h en consommant 18 l/h. Étienne Lenoir décide tout de même de le produire à 400 exemplaires.

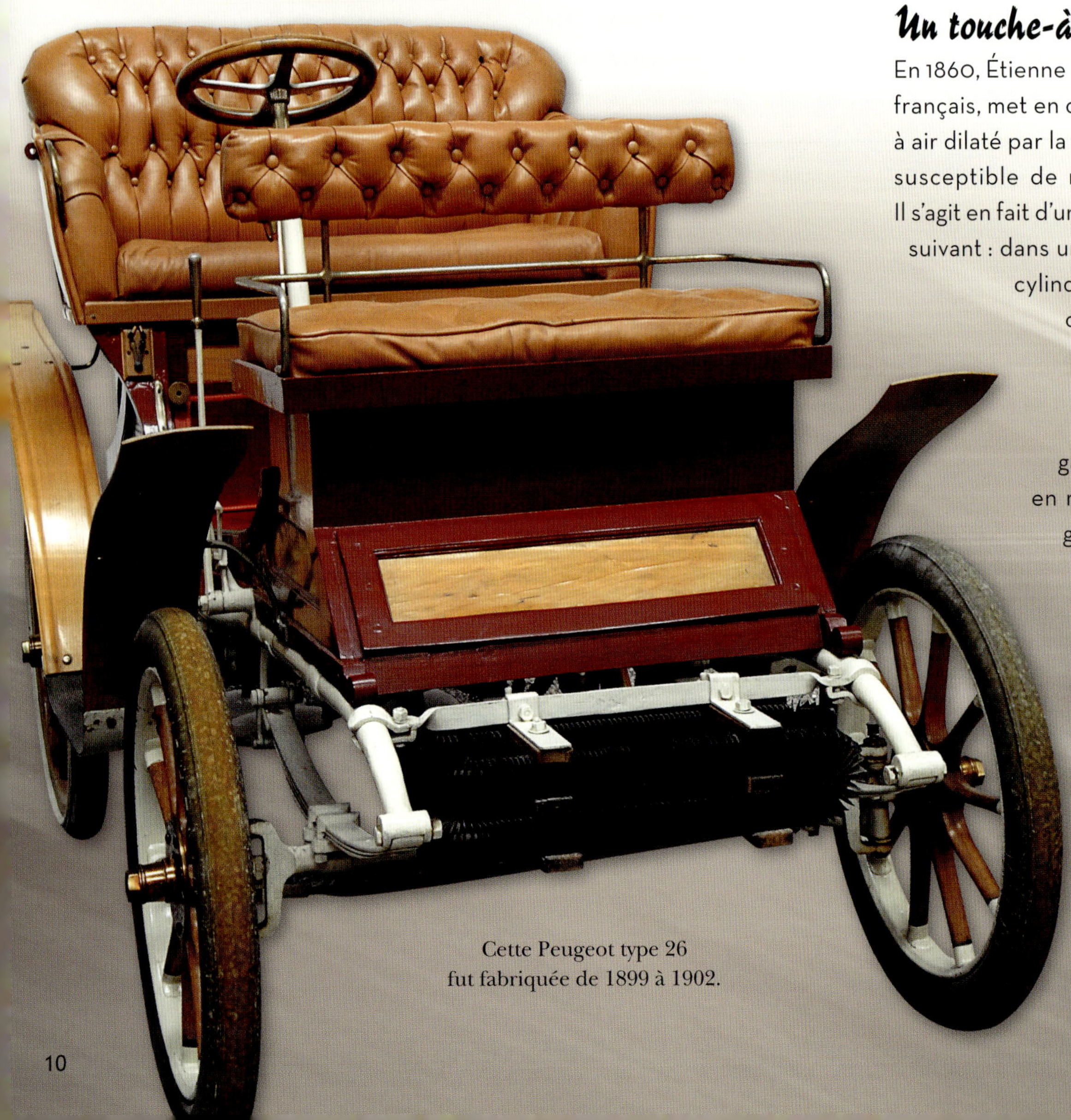

Cette Peugeot type 26 fut fabriquée de 1899 à 1902.

Du 2 temps au 4 temps

À force d'étudier l'invention d'Étienne Lenoir sous toutes ses coutures, l'ingénieur Alphonse Beau de Rochas en déduit que son mauvais rendement est provoqué par une détente tronquée. Il décide alors, en 1862, de déposer un brevet concernant l'adjonction d'une phase de compression préalable séparant la phase d'admission de la phase de détente, ce qui permet d'obtenir un cycle à 4 temps. Avec plus de pièces en action, ce mouvement mécanique complexe permet un rendement supérieur au moteur 2 temps, mais à cylindrée égale, sa puissance est toutefois moindre. Cette idée lumineuse constitue tout de même un progrès notoire qui sera malheureusement exploité par la concurrence. En effet, Beau de Rochas n'ayant pas payé la première annuité de son brevet, ce dernier revint au service public !

Moteur bicylindre en V
de Panhard-Levassor (1895).

Un succès considérable

Un voyageur de commerce allemand, Nikolaus Otto, est lui aussi séduit par le moteur de Lenoir. Il décide de le copier en essayant de l'alimenter avec un carburant liquide au pouvoir explosif plus performant, tout en prolongeant la détente. Son moteur est une réussite et s'avère aussi performant que doux et silencieux. Hélas, plusieurs personnages mal intentionnés reprennent son concept sans aucun scrupule et Otto se voit retirer son brevet pour contrefaçon, la légitimité de l'invention du moteur à 4 temps revenant à Beau de Rochas. Loin d'être découragé, il construit en mai 1867 son premier moteur atmosphérique, qui s'avérera une réussite commerciale vendue à 5 000 exemplaires principalement en Allemagne et en Angleterre. Enfin, en 1878, il révèle son moteur au monde entier et crée avec ses deux associés la société Deutz AG afin de produire le moteur à cycles à 4 temps. La descendance de ce groupe sera à l'origine des constructeurs BMW et Mercedes-Benz.

Grâce à ces deux architectures de moteurs à explosion, le charbon n'est alors plus nécessaire pour avancer à une vitesse raisonnable. La facilité de maintenance et d'utilisation est désormais au rendez-vous, l'eau laissant la place au carburant sous différentes formes pour des performances accrues au fil du temps et ce, grâce à l'ingéniosité des pionniers de l'automobile.

Moteur monocylindre
horizontal Benz (1895).

La De Dion-Bouton

Premier constructeur mondial à assurer sa propre fabrication, cette société française fondée en 1883 doit son succès à la première voiture fabriquée en grand nombre : la « vis-à-vis ». Produit à 2 970 exemplaires, ce modèle va rapidement détrôner les autres constructeurs, toujours persuadés de l'avenir du véhicule à vapeur. Ces moteurs à explosion vont connaître un vif succès en Europe et traverseront même l'Atlantique !

Les pionniers de l'industrie automobile

Qui aurait pu penser qu'une locomotive à vapeur miniature donnerait un jour naissance à la voiture moderne ? Ce jouet est à l'origine d'une rencontre entre deux hommes que tout oppose : le comte (puis marquis) nantais Jules-Albert De Dion et Georges Bouton. Un colosse et un petit monsieur aux caractères antagonistes qui seront bientôt indissociables ! Désinvolte, fortuné, provocateur, De Dion est un personnage tourné vers l'avenir, qui rêve de concevoir des voitures en série à l'image de celles d'Amédée Bollée, mais moins chères et plus légères.

Il devine en Georges Bouton, ingénieux fabricant de maquettes et de jouets scientifiques modeste et réservé, l'homme de la situation. Armand Trépardoux, le beau-frère de Bouton, ingénieur des Arts et Métiers, complète cette fine équipe installée près de la porte Maillot, un quartier réputé pour ses fabricants de vélocipèdes. Leurs premières fabrications portent sur des quadricycles à vapeur. L'entreprise dépose également un brevet pour une chaudière à vaporisation rapide. Mais De Dion oublie vite cette parenthèse « fluviale » pour se concentrer sur son unique passion : l'automobile.

La De Dion-Bouton type S biplace pouvait rouler à la vitesse maximum de 50 km/h (1903).

Le moteur selon De Dion-Bouton

Convaincu par le moteur à explosion, contrairement à son associé Trépardoux, vaporiste invétéré, De Dion enchaîne les projets. Et si les drôles de machines pétaradantes du comte produites à quelques unités sont effrayantes pour les piétons, elles suscitent toutefois une curiosité certaine car elles peuvent atteindre la vitesse phénoménale de 60 km/h !

En 1899, la « vis-à-vis » voit le jour. Celle que l'on surnomme « la petite voiture » possède un châssis en tube d'acier, une transmission par cardan et des suspensions semi-elliptiques. Quant à son moteur, il s'agit d'un monocylindre transversal de 400 cm^3 refroidi par eau avec le fameux pont De Dion, breveté en 1893, constitué de deux demi-essieux oscillants.

La De Dion-Bouton vis-à-vis E (1901).

Portrait du comte Albert de Dion sur un tricycle à moteur (1899).

DRÔLE DE DESTIN !

Le marquis Jules-Albert De Dion a une imagination débordante au point de diversifier ses activités comme nul autre dans le secteur de l'automobile. S'il est notamment le créateur de la course Paris-Bordeaux, on lui doit aussi le premier Salon de l'Automobile à Paris en 1898. La même année, il est cofondateur de l'Automobile Club de France et de l'Aéro-Club de France. Enfin, en 1900, il est à l'origine du journal *l'Auto* au succès jamais démenti, qui deviendra après la Seconde Guerre mondiale le journal *l'Equipe*. Afin de promouvoir le secteur automobile, le marquis crée également des bornes kilométriques, des cartes routières et des guides touristiques – activités qui seront plus tard cédées à la société Michelin. Un parcours pour le moins éclectique pour cet homme devenu député à l'Assemblée nationale en 1902.

LE PASSEPORT POUR LA LIBERTÉ

Le 10 mars 1899, la même année que la « vis-à-vis », celui que l'on appelle alors « certificat de capacité » voit le jour par décret. Devant l'essor des véhicules motorisés, ce qui n'était qu'un simple test de conduite devient un véritable examen réservé aux hommes de plus de 21 ans.

Léon Serpollet fut le premier conducteur à obtenir, le 16 août 1889, une autorisation de circuler sur un tricycle de sa conception. Trois ans plus tard, il aura même le droit de rouler à la vitesse de 16 km/h !

C'est donc en 1899 que le certificat de capacité se généralise dans toute la France. Les automobilistes possèdent désormais également une carte grise et peuvent rouler sur des routes limitées à 20 km/h en agglomération et à 30 km/h en rase campagne. À cette époque, 2 000 voitures sont en circulation.

Pour obtenir ce fameux sésame délivré par un ingénieur des Mines, il est nécessaire de passer un test pratique assez succinct : il faut savoir démarrer, se diriger, s'arrêter et avoir, si possible, quelques notions de mécanique.

Au même titre que le baccalauréat à la majorité, le célèbre « petit papier rose » représente encore aujourd'hui un passeport pour la liberté de mobilité, le passage de l'adolescence au monde des adultes. Chaque année, sur plus d'un million de candidats, environ 900 000 permis – dont 700 000 de la catégorie B (voiture) – sont attribués.

RÉPUBLIQUE FRANÇAISE

MODÈLE 1.

N°

PERMIS DE CONDUIRE LES AUTOMOBILES.

(Sauf mentions spéciales inscrites au verso, le présent permis n'est pas valable pour la conduite des véhicules ci-après : 1° Voitures affectées à des transports en commun ; 2° Véhicules pesant en charge plus de 3.000 kilogr. ; 3° Motocycles à deux roues.)

Signature du titulaire :

TITULAIRE : M (1)

(1) Nom et prénoms.

demeurant à

né le

Délivré par le Préfet d

Le 19

Le Conseiller de Préfecture délégué

...de validité :

Le Préfet du département d

Le 19

(1) Signature Préfet.

Valable pour la conduite d

Le Préfet du département d

Le 19

Valable pour la conduite d

Le Préfet du département d

Le 19

2/10 EN SUS 2 Franc

Permis de conduire délivré dans les années 1920.

Un vrai succès commercial

La « vis-à-vis » est la première automobile fabriquée à grande échelle et en 1900, De Dion-Bouton devient le plus grand fabriquant d'automobiles au monde. Rapidement, une autre voiture, la Populaire, est produite en 11 séries différentes jusqu'en 1907. Désormais sur les « rails » du succès, De Dion propose dès 1903 un nouveau moteur à 2 cylindres de 12 chevaux monté sur un châssis bénéficiant du premier graissage sous pression.

En 1921, à la mort de son père, le comte Jules-Albert De Dion devient marquis. Avec plus de 4 000 véhicules livrés et quelque 35 000 moteurs, l'euphorie de la réussite flotte sur l'usine. Mais De Dion n'oublie pas pour autant les quolibets de ses proches lorsqu'il se lança dans l'aventure de l'automobile ni l'attitude de sa famille qui voulait le placer sous tutelle prétextant qu'il dilapidait la fortune familiale...

Affiche publicitaire De Dion-Bouton (1910).

La folie des grandeurs

En 1910, au salon de Turin, De Dion-Bouton présente une voiture ronronnant au son d'un V8 de 6,1 l et disposant d'un intérieur luxueux. En 1913, le petit monocylindre d'antan vit ses dernières heures. Lorsque la Première Guerre mondiale éclate, l'entreprise se lance dans la construction d'obus, de véhicules et de moteurs d'avions pour l'armée française.

Une fois la paix revenue, la marque lance un nouveau moteur avec 8 cylindres en ligne installé dans la Type LB. Mais cette voiture est jugée trop chère et critiquée pour la qualité de sa fabrication bien trop éloignée des standards luxueux de l'époque élaborés par la concurrence – Bugatti et Hispano-Suiza en l'occurrence. De Dion-Bouton décide alors de se replier sur la vente d'utilitaires mais en vain. Durement touchée par la crise de 1929, la production automobile est stoppée en 1933, année pendant laquelle Jules-Albert De Dion se retire des affaires. La marque disparaît en 1968. Pionnier de l'automobile décédé en 1946, le comte laissera le souvenir d'un grand visionnaire.

La Belle Otero, célèbre chanteuse et danseuse de cabaret, fait la promotion de la voiturette De Dion-Bouton (v. 1900).

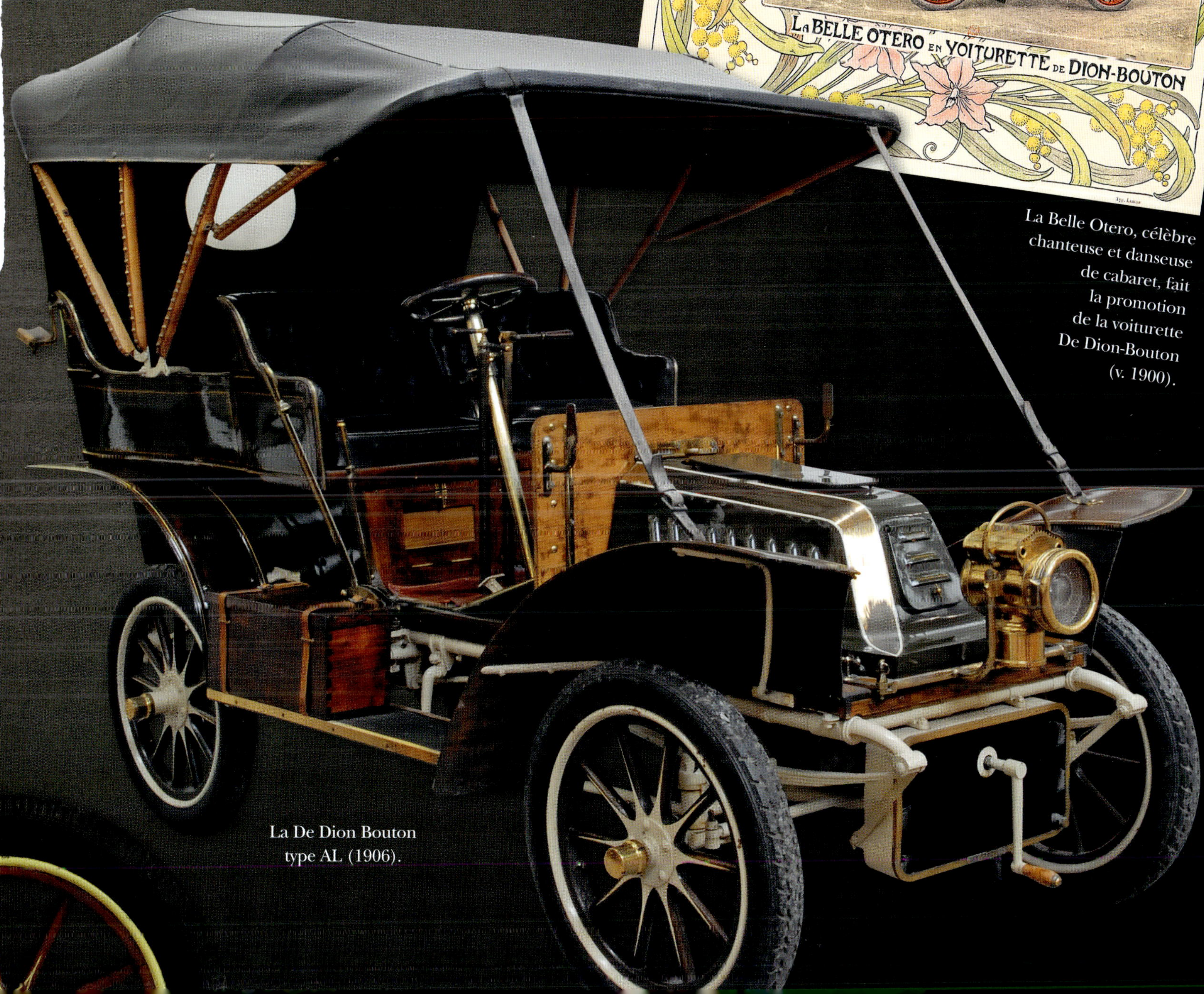

La De Dion Bouton type AL (1906).

Eh bien, pompez maintenant !

Si le pétrole est distribué en France dès 1859, c'est essentiellement pour alimenter… les lampes ! En effet, avant 1900, les premiers automobilistes allaient chez le droguiste ou l'épicier pour acheter des bidons de 5 litres destinés initialement à l'éclairage. L'opération fastidieuse ne s'arrêtait pas là puisqu'il fallait aussi transvaser ce carburant peu performant dans un entonnoir garni d'une peau de chamois pour en filtrer les impuretés. Avec l'expansion de l'automobile, vouée à un avenir assuré, et la nécessité d'un carburant dédié uniquement au moteur à explosion, les pompes à essence apparaissent en France en 1920 et permettent enfin au conducteur de rouler sans craindre la panne sèche !

Plus qu'un service, une nécessité

Les premiers garagistes apparaissent avant la Grande Guerre. La voiture requiert alors un entretien particulier et très rapidement, les garages deviennent dépositaires du fameux carburant stocké en bidon tout comme de l'huile lubrifiante essentielle au bon fonctionnement du moteur. Les pays anglo-saxons sont les précurseurs dans le domaine du stockage avec des réservoirs enterrés d'une contenance avoisinant les 10 000 litres. Le carburant est alors obtenu grâce à une pompe dite « oscillante ».

À partir de 1920, les sociétés pétrolières décident d'introduire la pompe à essence en France par l'intermédiaire de la « jauge mesureuse », l'ancêtre de la pompe actuelle. Disposant d'une manivelle agissant sur un mécanisme à piston, elle est à l'époque surnommée la « pompe aveugle » par ses usagers, qui doutent fortement de la dose réellement mise dans leur véhicule. Face à cette méfiance, les constructeurs modifient cette pompe par l'adjonction d'un vase en verre gradué en unités de 5 litres. Viendront ensuite des pompes à jaugeur ou bi-jaugeur (dont la célèbre Satam en France), qui permettent un comptage fiable et précis du débit.

Publicité Texaco de 1920.

Dans les années 1920, la pompe dite « char romain » était équipée de roues.

Vendre de l'essence n'était pas la seule activité du pompiste (ici une Peugeot 203 ravitaillée en eau, en 1952).

Les pompes à essence Satam, les plus répandues en France, connaîtront plusieurs évolutions.

Un concept venu des États-Unis

La station-service est née dans cet immense pays où la prévoyance sur la route est particulièrement bienvenue. Dans les années 1930, afin d'assurer la continuité des déplacements, fleurissent des stations services situées à des points névralgiques. En France, les garages se spécialisent de plus en plus dans la distribution et multiplient les services dédiés aux usagers tels que les entretiens courants, le lavage et la vente d'essence. Le garage se transforme alors en station-service, où l'on peut parfois acheter son pain ou ses journaux, son tabac et même prendre un rafraîchissement !

L'année 1936 va marquer un tournant dans l'histoire de la pompe à essence. Homologués officiellement par un décret ministériel, les établissements Boutillon mettent au point la pompe « volucompteur », qui indique le prix de ventre au litre, la quantité débitée et le prix à payer. C'est le principe moderne de la pompe tel qu'on le connaît encore aujourd'hui.

Quand l'informatique s'en mêle…

La pompe en elle-même ne subit guère d'évolutions majeures pendant une vingtaine d'années. En 1967, un concept original est en test dans une station-service. Il s'agit de la première pompe en libre-service fonctionnant avec des pièces de 5 francs. 1970 voit son expansion de manière significative et certains pays comme le Danemark adhèrent à ce type de ravitaillement, plus de 50 % de leur consommation de carburant s'effectuant de la sorte. En 1973, la révolution informatique permet de voir s'afficher sur les pompes le calculateur électronique. S'il s'agit à première vue d'un détail, cette invention va pourtant apporter divers progrès : diminution des frais d'entretien, suppression des liaisons mécaniques, création d'une architecture des pompes qui laisse libre court à l'imagination…

UNE QUESTION DE STYLE

Dans les années 1950, les pompes et les pompistes suivent la mode américaine. Si les enseignes se multiplient et arborent une architecture élancée avec de larges vitrines, les pompistes, eux, se font reconnaître grâce à leur tenue. Quant aux exploitants, ils deviennent les gérants concessionnaires de la marque représentée.

L'épopée Michelin

Les frères Michelin au volant de l'Éclair, la première voiture équipée de leurs pneus, lors de la course Paris-Bordeaux en 1895.

Si la « petite reine » a été la première à bénéficier d'un pneumatique grâce à l'invention de John Boyd Dunlop, la voiture a, elle, trouvé « chaussure à son pied » en 1895 grâce à une société familiale française, Michelin et Cie. En 1895, l'Éclair est la première voiture à rouler sur pneus, un coup de tonnerre à l'époque, une révolution dans le monde de l'automobile ! Les anciens bandages de carrioles laissent place à une structure en caoutchouc robuste et efficace. Michelin est désormais promu à un bel avenir !

Une histoire, deux génies

Tout commence par un tandem, en 1889. Alors que le Centenaire de la Révolution française est célébré, une autre se dessine ; mais cette fois, elle sera industrielle.
Deux frères, André et Édouard Michelin, reprennent la manufacture familiale de caoutchouc basée au centre de la France, à Clermont-Ferrand, avec une cinquantaine d'employés. André, ingénieur Centralien, s'occupe de la communication, tandis qu'Édouard, artiste peintre et juriste, développe l'usine et la production.
Avec l'industrie naissante de l'automobile, ce duo fourmille d'idées. Avec un ADN commun : l'innovation. 130 ans plus tard, l'entreprise Michelin compte 125 000 salariés à travers le monde et une production totale de 171 millions de pneus.

En 1905, George Heath, un pilote américain, établit un nouveau record avec sa Panhard-Levassor dotée de pneus Michelin.

La révolution du pneumatique

Selon la petite histoire, Édouard Michelin aurait, un jour de 1891, rencontré un cycliste anglais de passage à Clermont-Ferrand qui souhaitait faire réparer son vélo. Le Britannique lui aurait alors « soufflé » à l'oreille l'idée de la chambre à air afin d'éviter une opération longue et délicate. Le brevet est déposé en 1891, le pneumatique devient alors démontable et réparable. Et face aux performances toujours plus élevées des moteurs, l'idée vient alors aux deux frères d'élaborer une liaison au sol enfin digne de ce nom. Ce sera chose faite en 1899 avec la Jamais Contente, une voiture en forme d'obus équipée de pneus Michelin : elle est la première à franchir le cap des 100 km/h !
D'autres évolutions majeures vont rapidement suivre, comme le pneu à semelle, conçu à partir de l'idée des chaussures crantées transposée sur un pneumatique avec des sculptures améliorant nettement la tenue de route sur sol mouillé. Et puisque la neige est aussi un obstacle à la route, le pneu à clou arrive en 1933. En 1946, nouvelle révolution : le pneu à carcasse radiale. Avec son ossature métallique, il assure une tenue de route et une longévité jamais observée auparavant. En 1955, la chambre à air disparaît au profit du pneu dit « tubeless », qui équipe encore les voitures de nos jours.
En 2019, Michelin invente le pneu increvable et présente un pneu sans air comprimé ! Le vieux rêve de ne plus subir une crevaison est enfin devenu réalité. Baptisé « Uptis », il devrait équipper des voitures de série dès 2024 en partenariat avec le groupe General Motors.

LE SAVIEZ-VOUS ?

Le plus gros pneu du monde est le Michelin 59/80R63 qui équipe le géant Caterpillar 797 B de chantier. Il pèse 5 tonnes, mesure 4 m de diamètre et 1,48 m de largeur !

La Micheline, un autorail monté sur des pneumatiques spéciaux conçus pour améliorer le confort des voyageurs (1929).

Sur tous les fronts !

Le pneumatique se décline de toutes sortes, la célèbre Micheline en est d'ailleurs la preuve sur les rails. En 1929, le krach boursier n'entame pas l'ingéniosité française qui voit son industrie automobile prospérer les années suivantes. En 1951, le pneumatique permet au métro parisien de la ligne 1 de circuler avec plus de confort et surtout moins de bruit.

Mais l'histoire du pneumatique ne se limite pas à l'univers de l'automobile. Il est aussi intimement lié à l'aéronautique dès la Première Guerre mondiale avec les aéroplanes. Les usines Michelin seront d'ailleurs bombardées lors de la Seconde Guerre mondiale par la RAF britannique car leurs pneus équipaient aussi, fort malgré eux, la Wehrmacht.

En 1995, Michelin franchit la « porte des étoiles » et s'associe aux Américains de la Nasa afin d'équiper la navette spatiale. Plus récemment, c'est la société Airbus qui s'est appuyée sur son savoir-faire pour équiper son gros-porteur A380.

BIBENDUM EST NÉ !

En 1898, les deux frères eurent l'idée du célèbre bonhomme Michelin Bibendum en regardant une pile de pneus dans leur usine !

Bibendum, un symbole emblématique et populaire qui a su évoluer avec son temps.

Le pneu Michelin Air X équipe notamment le tout nouvel Airbus A350 XWB.

UN LABORATOIRE DE COMPÉTITION

Michelin, c'est 250 titres de champion du monde des pilotes ou constructeurs dans toutes les disciplines des sports mécaniques équipés de leurs pneumatiques. La compétition sportive est le « théâtre » de toutes les conditions les plus extrêmes pour tester sur le terrain les innovations technologiques réalisées dans l'élaboration des gommes. C'est aussi un moyen d'aller vers l'avenir, vers plus de sécurité, moins de pollution, plus d'économies de carburant grâce à de nouvelles enveloppes structurelles. Des études actuelles porteraient sur un pneu intégrant des freins et un moteur. En 2030, on estime à 1,6 milliard le nombre d'automobiles dans le monde. Un marché colossal pour Michelin qui n'aurait peut-être pas connu le même succès sans l'invention, en 1842, du procédé de « vulcanisation » par l'Américain Charles Goodyear, qui a permis de stabiliser le caoutchouc afin qu'il résiste aux écarts de température, un processus à l'origine du pneumatique pour l'automobile.

René Panhard et Émile Levassor, un duo à l'avant-garde

De 1891 à 1967, la marque Panhard & Levassor est un des fleurons de l'automobile en France et participe à l'essor de la voiture « moderne », des premières versions à pétrole à l'inédite Panhard 24. Face à une concurrence de plus en plus rude, le constructeur sort du lot grâce à son ingéniosité et à ses évolutions techniques et stylistiques. Mais dans les années 1960, cette « petite » entreprise de voitures pour la plupart luxueuses ne résistera pas au marché exigeant de l'automobile où la voiture peu chère et populaire, produite en grande série par des constructeurs aux moyens de production sans égale, devient la tendance.

Messieurs Panhard et Levassor sur la première voiturette Daimler en 1890.

Un esprit sportif

En 1889, une petite usine de production automobile voit le jour dans le 13e arrondissement de Paris. Aux « commandes », deux ingénieurs Centraliens. Contrairement à d'autres constructeurs, ils décident d'acquérir les licences de fabrication du moteur à combustion interne de Gottlieb Daimler pour la France. La marque Panhard & Levassor va ainsi concevoir son premier modèle à moteur Daimler, un bicylindre en V. Si l'engin peut paraître aujourd'hui quelque peu spartiate, pourtant, Émile Levassor remporta en 1895 à son drôle de volant la célèbre course Paris-Bordeaux-Paris. Il n'en fallut pas plus pour prouver les qualités de ce bolide.

Mais en 1896, lors de la course Paris-Marseille, Levassor est victime d'un accident alors qu'il tente d'éviter un chien sur la chaussée. Diminué suite à ses blessures, il s'effondre sur sa table de travail le 14 avril 1897. Sa disparition à l'âge de 54 ans le privera d'une reconnaissance certaine dans l'histoire de l'automobile. Quand un autre pilote de la marque perd la vie peu après lors d'une autre course, le constructeur prend la décision de se retirer de la compétition. Avant la Grande Guerre, Panhard & Levassor devient la plus grande marque française, puis la première mondiale en 1914, loin devant une autre firme bien connue, Renault.

La Panhard et Levassor type A2, 1899.

Un avenir sans soupape !

Panhard & Levassor va alors s'orienter vers la construction de voitures de luxe et devient une marque premium, à l'instar des autres constructeurs de l'époque tels que Hispano-Suiza, Delauney-Belleville ou encore Voisin. Dès 1910, Panhard s'intéresse au moteur sans soupape, cette pièce étant utilisée habituellement pour séparer la chambre de combustion des conduits d'admission et d'échappement. Dans son moteur, Panhard les remplace par des chemises coulissantes.

À partir de 1924, toutes les voitures de la marque sont équipées de moteurs sans soupape alimentés par différents types de carburants : à essence, à gaz et même diesel. La marque se modernise grâce à l'apport de nouveaux matériaux plus légers qui permettent de réduire les frictions en mouvements. Ce choix technique et politique se voit conforté lorsqu'en 1925, une 20 CV de 4,8 l de cylindrée bat le record du monde de l'heure avec une moyenne de vitesse de 185,773 km/h !

Le coupé Chauffeur X8 de Panhard et Levassor, 1911.

CONFORT ET SÉCURITÉ

Les puissances devenant de plus en plus élevées, Panhard travaille sur l'amélioration de la tenue de route de ses véhicules et met au point en 1929 un élément toujours d'actualité sur les essieux rigides : la barre stabilisatrice antiroulis, la fameuse « barre Panhard », un progrès technique que le monde entier nous a envié.

Le pilote américain George Heath remporte en 1904 le Circuit des Ardennes sur sa Panhard Levassor.

Affiche publicitaire vantant les exploits en compétition de la Panhard Dyna 24 Heures du Mans (1952).

Innover encore et toujours

Dans les années 1930, l'offre commerciale de Panhard & Levassor devient pléthorique, du moteur 4 cylindres au 6 cylindres selon différents modèles aux « dessins » avant-gardistes. Si l'automobile était auparavant conçue autour d'un moteur et d'un châssis sans réel parti pris dans l'innovation esthétique, la marque française se lance dans la création d'un bureau d'études pour la conception des carrosseries dans leur propre usine, les modèles « exotiques » tels que les cabriolets ou les « coupés-chauffeur » étant eux encore sous-traités à des artisans.

L'évolution tend donc vers l'esthétique à l'image de la carrosserie « panoramique » de 1934, qui comporte deux petites vitres très cintrées de part et d'autre du pare-brise sans angle mort pour la vision du conducteur.

Cette période marque l'âge d'or de Panhard & Levassor, tant au niveau des ventes que de son image auprès du public. À la fin de cette décennie, l'aérodynamisme est à la mode. Panhard & Levassor produit la Dynamic, pourvue d'une coque autoporteuse en acier, d'un freinage hydraulique à double circuit, de suspensions par barres de torsion sur les quatre roues et de vitres panoramiques. Son style est à la fois exubérant et audacieux. Présenté en mai 1936 alors que, suite à l'arrivée du Front populaire, les grèves éclatent, le modèle ne suscite pas l'intérêt de la classe bourgeoise qui préfère vivre en toute discrétion plutôt que de conduire une voiture aussi voyante. Seulement 2 600 exemplaires de ce modèle phare de l'histoire de l'automobile seront vendus entre 1936 et 1940.

La PL17, la remplaçante de la Dyna Z, sort en 1959. « PL 17 » s'explique par : P pour Panhard, L pour Levassor et 17 par 5 CV + 6 places + 6 litres au 100 (affiche publicitaire, v. 1960).

La Panhard 24, le dernier modèle automobile créé par la marque (1963).

PANHARD

Un concept révolutionnaire, la Panhard Dynavia, 1948.
Hormis sa carrosserie en forme de goutte d'eau, la caractéristique essentielle de ce prototype consiste en son formidable coefficient de pénétration dans l'air.

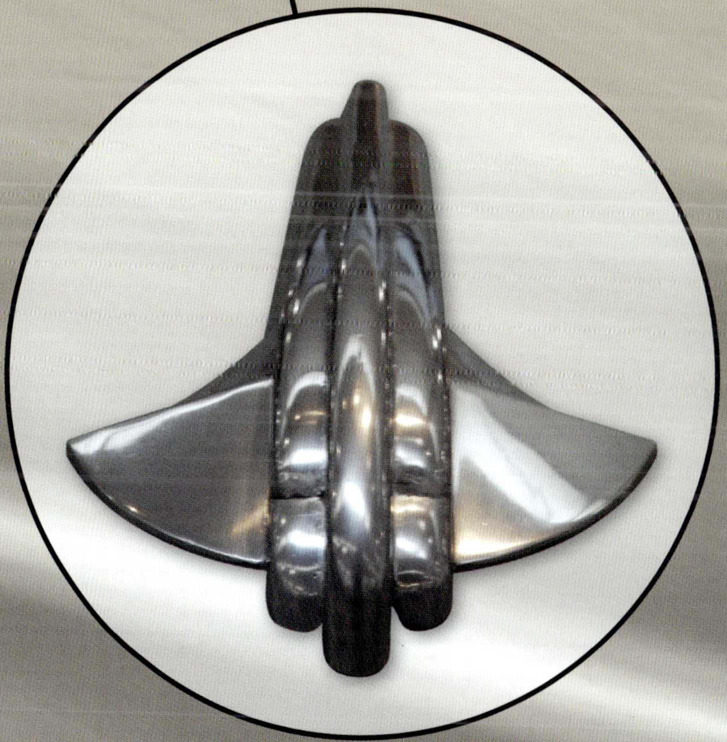

Changement de cap

En 1947, Panhard & Levassor change de stratégie commerciale et décide désormais de produire des voitures plus abordables, tout en restant précurseur dans un nouveau domaine : les études en soufflerie afin d'améliorer l'aérodynamisme de leurs véhicules.

Un nouveau type de moteur est employé, le Flat Twin, avec des cylindres à plat, qui donneront naissance à des modèles devenus célèbres : Dyna X, junior, Dyna Z et PL 17.

Toutefois, si ces carrosseries se distinguent par leur acier et leur design novateur, les coûts de production sont devenus si pharaoniques que Panhard & Levassor est racheté par Citroën en 1965.

À partir de 1967, la marque ne fabrique plus de voitures civiles mais poursuit sa production dans le domaine militaire avec des blindés. Mais dans l'inconscient collectif des passionnés de l'automobile, Panhard & Levassor reste une marque de prestige qui rappelle les grandes heures de gloire des constructeurs français.

Peugeot, l'histoire d'une dynastie

Armand Peugeot (1849-1915)

Peugeot, c'est plus de 200 ans d'histoire et d'innovations, un nom qui évoque la richesse du patrimoine français pionnier en matière d'automobile. Mais c'est aussi une famille symbole de réussite dans plusieurs domaines industriels comme la fabrication du célèbre moulin à café en 1840 ou la création d'une fonderie d'acier destinée à la production de scies à rubans, de ressorts d'horlogerie ou de montures de parapluie. Son histoire est intimement liée à la ville de Sochaux, son berceau, où elle a implanté l'un des plus grands sites industriels de France. Peugeot, c'est le succès d'une entreprise qui a fait de la «mobilité» sa réussite. Si le vélo en est un exemple, la voiture en est la preuve. Le 9 décembre 2010, la 20 millionième voiture, une Peugeot 5008, sortait de la ligne de montage.

LE SAVIEZ-VOUS ?

En 1934, Peugeot est le premier constructeur français à proposer des versions coupés-cabriolets en série avec les 401 et 601.

Avant les voitures, Peugeot était spécialisé dans la fabrication de moulins à café !

1889, l'année charnière

Alors que l'entreprise familiale prospère, Armand Peugeot, jeune diplômé de l'école Centrale de Paris, voue une passion sans borne aux moteurs au point de se lancer dans la conception d'automobiles. Lors de l'Exposition universelle de Paris en 1889, il expose quatre prototypes de Peugeot type 1, des tricycles équipés de chaudière à vapeur conçues par Léon Serpollet. Dans la galerie des «machines et des progrès techniques», il découvre le moteur à explosion auquel il prédit un avenir certain et commence à y réfléchir dans la réalisation d'un quadricycle performant. Un projet que va d'ailleurs lui proposer Émile Levassor de l'entreprise Panhard & Levassor, créateur de ce moteur suivant les directives de son inventeur allemand, Gottlieb Daimler. La saga Peugeot dans l'automobile peut alors commencer avec la sortie de la type 2 en 1890, puis un an plus tard, de la type 3, première voiture fabriquée en série. Deux modèles conçus comme les fiacres quadricycles où le chauffeur et les passagers se retrouvent assis face à face en position dite «vis-à vis».

Peugeot « sort ses griffes »

En 1896, la Société des automobiles Peugeot est créée par Armand Peugeot tandis que son cousin, Eugène, hostile à la construction d'automobiles, continue à fabriquer des bicyclettes. La première usine dédiée à l'automobile est installée l'année suivante à Audincourt dans le Doubs.
En 1905, la société prend le nom de Lion-Peugeot pour devenir cinq ans plus tard la Société anonyme des automobiles et cycles Peugeot. En effet, depuis 1899, la firme a fait le choix de développer ses activités avec les motocyclettes, puis avec les camions lors de la création de l'usine de Sochaux en 1912. À l'aube de la Première Guerre mondiale, Peugeot fabrique pas moins de la moitié de la production automobile française, soit 10 000 véhicules. En 1919, la concurrence se fait rude avec la naissance du groupe Citroën et l'émergence des constructeurs étrangers.

La Peugeot 504, vendue à 4,7 millions d'unités.

L'ère industrielle

Touché peu ou prou par la crise de 1929, Peugeot poursuit sa route et lance cette année-là la 201, sa première voiture à nomenclature avec son zéro central, qui continue encore aujourd'hui à nommer les autos de la firme de Sochaux. La production artisanale passe à l'ère industrielle. La 201 et ses roues avant indépendantes, l'archétype même de la Peugeot dans les années 1930, va remporter un grand succès. L'offre commerciale devient alors pléthorique au fil des ans afin de répondre aux attentes toujours renouvelées de la clientèle.

La 203, symbole du renouveau et de la reconquête de la firme sochalienne.

De l'effort de guerre…

Sous l'Occupation, pendant la Seconde Guerre mondiale, l'usine Peugeot se voit en partie démantelée par les Allemands, qui décident d'y construire une pièce du tristement célèbre missile V1. Si la guerre affecte les moyens financiers du pays, à la Libération, la famille Peugeot prend les devants en limitant leur production et en recentrant leur savoir-faire et leur philosophie sur la production de véhicules toujours aussi populaires comme les 203 et 403, première automobile française diesel de série.
L'année 1965 va marquer un tournant dans l'histoire de la marque. La direction générale n'est plus conservée entre les mains de la famille mais passe entre celles d'un homme de confiance : François Gautier. Fait rarissime dans la production automobile française, en 1966, un accord lie Peugeot, Renault et plus tard Volvo dans la création d'un moteur, le PRV, qui équipera ensuite la 604. En 1970, Peugeot est le second constructeur en France derrière Renault avec plus de 500 000 voitures produites par an.

… à PSA

Après avoir absorbé Citroën en 1976, Peugeot devient PSA, un puissant groupe dans lequel la famille conserve une activité importante. Pas moins de neuf générations se sont succédé jusqu'à nos jours avec toujours ce même souci d'évolution au diapason de toutes les inventions connues depuis la création de Peugeot frères en 1810. Plus de 200 ans après, l'entreprise affronte les affres de la mondialisation avec l'arrivée dans son capital de l'État et d'une société chinoise. Mais peu importe, les Peugeot ont toujours un œil sur le Lion et veillent à lui assurer un bel avenir.

L'Automobile Club de France

À la fin du XIXe siècle, le 12 novembre 1895 précisément, face à l'essor de la production automobile, l'Automobile Club de France voit le jour. Cette institution, véritable « Maison de l'Automobile », est la première du genre au monde. Elle a pour vocation de centraliser et promouvoir ce moyen de locomotion dans tous les aspects de sa constitution, de son utilisation et de son environnement. Elle réunit également les principales fédérations, associations historiques, sportives et muséographiques vouées à l'animation de la vie automobile.

Le déjeuner historique au cours duquel fut prise la décision de fonder l'ACF (1895).

Un cercle de visionnaires passionnés

L'ACF est imaginé lors d'un déjeuner historique chez le comte Jules-Albert de Dion, fondateur de la marque d'automobiles du même nom. Visionnaire dans l'âme, le comte a pour ambition de maintenir l'esprit novateur et enthousiaste qui s'est manifesté chez tous les participants de la première grande course de l'histoire, Paris-Bordeaux-Paris, en juin 1895. À sa table, le baron Étienne de Zuylen voit, lui, en l'avenir de l'automobile un moyen de locomotion permettant d'épargner la santé des chevaux encore largement utilisés à l'époque. Un journaliste, Paul Meyan, du *Figaro*, participe aussi à cet échange. Très impliqué dans le secteur automobile naissant, il est l'homme de la situation pour développer une communication autour des différents « acteurs » de ce moyen de transport novateur.

Sur tous les fronts

Ce cercle privé d'un nouveau genre se concrétise rapidement et le baron de Zuylen en devient le premier président. L'Automobile Club de France se fait connaître au niveau international neuf ans après sa création. En 1904, la célèbre Fédération internationale de l'automobile est mise en place et articule principalement son travail autour des compétitions avec l'uniformisation des règlements du sport automobile, sans toutefois omettre le développement du tourisme international, en facilitant la circulation des voitures. Longuement présidée par l'Automobile Club de France, la Fédération internationale de l'automobile se situe dans les mêmes locaux place de la Concorde à Paris et regroupe pas moins de 160 délégations.

Des initiatives concrètes et valorisantes

Dans le souci constant d'améliorer l'intégration de l'automobile dans le paysage français et international, l'ACF est à l'origine de règlements et de manifestations que l'on connaît encore aujourd'hui. Le Salon de l'Automobile en est une preuve et ce, depuis 1898. Deux ans plus tard, le premier centre de contrôle technique permet de vérifier tous les organes d'une voiture afin d'améliorer la sécurité. Des normes sont également dictées aux constructeurs dès 1901.

UN COMTE BIEN INFORMÉ !

« Croyez-moi Messieurs, le monde est avec nous aujourd'hui et le mouvement à la tête duquel nous sommes sera irrésistible. Dans trois ans, nous serons deux mille membres, et il nous faudra un palais pour les recevoir. »

Déclaration de Jules-Albert de Dion en 1895.

Départ de la course Paris-Berlin devant le siège de l'Automobile Club de France (1901).

La passion du sport

D'un point de vue sportif, l'ACF apporte également son lot d'évolutions. Pour une meilleure compréhension lors des compétitions, elle choisit d'instaurer un code couleur par pays : la France en bleu, la Belgique en jaune, l'Amérique en rouge et l'Allemagne en blanc. Les courses devenant de plus en plus populaires et importantes aux yeux des constructeurs, le premier règlement sportif automobile est élaboré en 1914 et un calendrier aux échéances précises entre en vigueur en 1921. Un fonds de course est créé en 1934, qui permet l'organisation d'événements de grande ampleur et accessoirement de dotations dignes de ce nom. Le premier championnat des conducteurs français voit le jour en 1937. En 1967, le Grand Prix de l'ACF devient le Grand Prix de France avec l'avenir qu'on lui connaît. Enfin, en 1976, un Championnat du monde des sports prototypes est géré par les instances de la Fédération internationale automobile.

Une fondation d'intérêt général

Tout citoyen se véhiculant à bord d'une voiture dans notre pays doit beaucoup à ce cercle devenu association avec la loi 1901. Bien avant l'ère d'Internet, l'Automobile Club de France a ainsi répertorié dans un guide touristique toutes les adresses d'hôtels et de réparateurs pour les automobiles. Et pour une sécurité accrue et un confort de conduite sans précédent, l'ACF a mis en place en 1913 une subvention pour le premier « pétrolage » des routes et posé des panneaux de signalisation. À cette époque, seulement 1 000 km de routes nationales sont goudronnées en France.

Préserver et défendre

Depuis plus d'un siècle, l'ACF est un inépuisable réservoir d'informations inédites pour les chercheurs et documentalistes. Les archives photographiques et autres documents d'époque y sont précieusement conservés et offre une vision globale de l'histoire de l'automobile. Au cours de son développement, l'ACF a également créé la société d'encouragement de l'Automobile Club de France, qui a notamment pour objectif de mener tous les combats et de défendre la cause de la voiture face aux controverses suscitées par son émergence. Dans ses missions les plus récentes, de nombreuses discussions se sont tenues avec les pouvoirs publics puisque l'automobile doit évoluer avec son temps, s'adapter aux économies d'énergies et à la pénurie programmée à plus ou moins long terme du pétrole. Côté sport, une part importante de son travail se poursuit encore aujourd'hui avec la Fédération internationale de l'automobile et concerne la gestion des différents championnats du monde.

Les 3e et 6e places de Paris-Bordeaux-Paris, la première véritable course automobile au monde en 1895, année de la création de l'ACF.

Le premier Salon de l'Automobile

En 1889, la première exposition de « voitures sans chevaux » a lieu au jardin des Tuileries à Paris. Baptisée « Horseless carriage Exhibition » (exhibition de voitures sans chevaux), cette manifestation provoque alors l'enthousiasme de toute une population attirée par ces nouveaux moyens de locomotion motorisés.

Affiche officielle du Salon de l'Automobile de 1901.

Vitrine d'hier et d'aujourd'hui

Face à cet engouement, l'Automobile Club de France, qui a pour objectif de promouvoir « l'automobilisme », travaille dès 1895 à l'instauration d'un rendez-vous universel. Il aura lieu, trois ans plus tard, le 15 juin 1898, toujours dans les prestigieux jardins des Tuileries. Ce salon, dénommé « Exposition internationale de l'automobile, du cycle et des sports » deviendra vite un classique et demeure encore aujourd'hui une grande vitrine de la voiture sous toutes ses formes.

En 1898 se tient le premier Salon de l'Automobile dans les jardins des Tuileries. Ces drôles d'engins vont susciter une curiosité sans borne de la part du public de l'époque et des professionnels

Première édition, premier succès

269 exposants, 77 constructeurs, 140 000 visiteurs... Tels sont les premiers chiffres de l'Exposition internationale d'automobiles de 1898. Pourtant, lors de l'inauguration en grande pompe, le président de la République, Félix Faure, ne manifeste pas un enthousiasme débordant. Il n'esquisse pas un sourire, trouve les voitures laides et leur odeur insupportable. Le ton est donné. Heureusement, le succès sera au rendez-vous !

Devant le nombre croissant de constructeurs, dont certains proposent des automobiles loin d'êtres abouties, l'Automobile Club de France a décidé de mettre en place une épreuve pour obtenir un label haute qualité afin de n'exposer que des automobiles dignes de ce nom. Ce test consiste à effectuer une ballade d'une quarantaine de kilomètres entre Paris et Versailles.

Sur les 2 500 m² du salon, 232 modèles sont exposés. Parmi les grandes marques figurent Peugeot, Panhard & Levassor, Benz ou encore Daimler. Si la tendance de l'époque est au moteur à explosion (auquel on prédit un avenir grandiose), les fervents défenseurs de l'automobile à vapeur sont eux aussi présents et proposent des véhicules plus légers et performants. Ce premier salon permet ainsi aux ingénieurs et inventeurs d'échanger et de confronter leurs idées qui donneront ensuite naissance à de nombreuses avancées technologiques.

Un rendez-vous incontournable

En 1900, on dénombre pas moins de trente constructeurs français et quelque 2 897 véhicules circulent dans le pays. Un an plus tôt, une voiture électrique a franchi la barre des 100 km/h. Les idées fusent et se retrouvent au Salon de l'Automobile qui, un an après l'Exposition universelle, en octobre précisément (le mois « traditionnel » depuis de l'ouverture du Salon), se déplace en un lieu historique : le Grand Palais.

Toujours à l'organisation, l'ACF voit grand, très grand même avec 6 000 m² et pas moins de 220 exposants. Les véhicules qui y sont exposés fonctionnent au pétrole, au gaz, à la vapeur mais aussi à l'électricité ! Les principaux acteurs sont français comme Citroën, Peugeot et Renault. Leur style est particulièrement identifiable et l'image de marque devient une priorité. Le moteur à pétrole connaissant alors la plus grande croissance, il se retrouve au cœur de tous les progrès technologiques les années suivantes, jusqu'en en 1903 lorsqu'apparaît le moteur 4 cylindres, plus souple et plus performant.

« L'AUTOMOBILE POUR TOUT LE MONDE »

En 1908, une certaine Ford T est présentée comme la première automobile populaire vendue seulement 850 $ aux États-Unis. Face au succès fulgurant rencontré par ce modèle, les constructeurs français se trouvent fort démunis et n'auront toujours pas, un an plus tard, lors du Salon qui suivra, d'autres alternatives à proposer à leurs clients.

Stand d'un exposant au Salon de 1903.

Fiat, l'un des nombreux constructeurs étrangers présents sur le Salon de 1963.

Une notoriété internationale

Lors de la Première Guerre mondiale, les constructeurs français n'ont pas baissé les bras. Preuve en est avec le char Renault qui a contribué à la percée du front allemand. Après l'Armistice, l'intérêt pour l'automobile croît de manière significative et le Salon renoue avec ses origines. En 1919, il prend le nom officiel de « Salon de l'Auto » et compte 664 exposants. Quand, en 1922, Citroën frappe les esprits avec un avion traçant sa marque dans les airs, ils seront 987 à exposer leurs nouveautés.
Devant une telle réussite, les Américains se font de plus en plus présents et ce, avant que la crise économique ne touche ce secteur et par là même le Salon, qui voit alors dans ses travées des voitures de plus en plus luxueuses et souvent équipées d'un moteur six cylindres.

La DS 19, vedette du Salon de 1955.

Les nouveautés se bousculent

Pendant la Seconde Guerre mondiale, le Salon n'a pas eu lieu. Mais après la Libération, il reprend vie, moins élitiste, plus populaire, moins professionnel, plus passionnel. Le rêve de chaque Français est alors de posséder une voiture, poussé en ce sens par les premières garanties constructeurs. En 1952, une partie du Salon est dédiée aux caravanes de camping et en 1953, les ouvertures en nocturne apparaissent et le cap du million de visiteurs est dépassé. En 1955, la célèbre DS 19 y bouscule les codes de l'esthétisme. Cependant, désirant désormais afficher leur propre communication, les constructeurs présentent fréquemment leurs nouveautés en dehors de ce rendez-vous annuel. En 1957, la toute première voiture japonaise y est exposée.

En visite sur le Salon de 1963, le général de Gaulle s'attarde devant la Dauphine de chez Renault.

Le Salon déménage !

En 1962, sous l'impulsion du général de Gaulle, le Salon s'installe définitivement porte de Versailles avec un thème précis : les 50 ans des voitures de Grands Prix. Voitures de sport et pilotes sont les stars à l'affiche !

1968 sera, elle, l'année record avec 1 060 000 entrées. Les nouveautés sont pléthoriques et si une grande partie du Salon est dédiée aux voitures de prestige, comme celles de Ferrari, on n'en oublie pas pour autant les voitures populaires qui y sont présentées comme des « best-sellers » (Renault R6 et R8S, 504 et 404 Peugeot, BMW 2002 TI, Opel GT 1900...).

En 1998, le Salon organise une rétrospective lors d'une exposition consacrée à ses 100 ans d'histoire, de passion, d'évolution, où les constructeurs dévoilent des projets appelés « concept car » prouvant ainsi leur capacité à évoluer en matière de sécurité et de design et à rechercher de nouvelles énergies. Des concepts soumis non seulement aux avis cruciaux des médias, mais aussi à ceux des visiteurs, conditions indispensables pour mener à bien un projet.

La Dauphine, ou quand le plaisir de conduire rime avec le confort du passager.

Louis Renault, le surdoué

Louis Renault (1877-1944)

Parmi les personnalités incontournables du XXe siècle, Louis Renault en est une qui compte tout particulièrement.
Né à Paris, le 12 février 1877, cadet de cinq enfants, il se passionne dès son enfance pour la mécanique et les inventions techniques.

Petit génie deviendra grand…

À l'âge de huit ans, Louis Renault installe le courant électrique dans la maison de ses parents. Deux ans plus tard, il met au point un appareil photographique. Décidément, ce garçon est surdoué !

En 1889, alors qu'il arpente l'Exposition universelle de Paris, il fait une rencontre qui va changer sa vie : l'industriel Léon Serpollet, inventeur d'une automobile à vapeur. C'est ainsi qu'à l'âge de douze ans, Louis Renault trouve sa voie : ce sera l'automobile, une source inépuisable d'inventions vouée à un avenir certain pour ce jeune homme qui s'agace de voir partir chaque matin son père travailler à pied.

Au rythme effréné de la vie qu'il trouve bien trop courte, Louis Renault cherche en la voiture ce besoin de vitesse pour se déplacer avec indépendance.

La première boîte de vitesses : une révolution !

Le 24 décembre 1898 est jour de fête pour Louis Renault. Concentré sur sa feuille de croquis au cours de son service militaire, il ébauche un système révolutionnaire pour transmettre directement le mouvement du moteur aux roues motrices sans l'intermédiaire de chaînes ou de cardans. Dans le petit atelier de la maison familiale et grâce à l'appui financier de ses frères, il va améliorer sa De Dion Bouton et créer sa propre voiturette.

Le 24 décembre, devant une foule ahurie, il gravit avec ses amis la rue Lepic à Paris. Le succès est immédiat : il empoche ses douze premières commandes fermes et soixante Louis d'or, qui lui permettent de créer l'entreprise Renault Frères en février 1899.

L'automobile a appris à connaître la valeur du temps.

Louis Renault

La Renault type C, 1900.

Un patron aux commandes...

En 1900, pour faire la promotion d'une marque, le meilleur moyen est déjà la compétition. Mais n'imaginez pas qu'à cette époque, une écurie serait spécifiquement dédiée à cela. Au sein de Renault Frères, le pilote, c'est donc Louis, harnaché de fourrure et de cuir, les yeux cerclés de grosses lunettes, sans aucun dispositif de sécurité à l'intérieur d'une voiturette ouverte roulant parfois à plus de 100 km/h avec des freins qui n'en ont que le nom. Stopper cette machine sur plus de 100 mètres s'avère pour le moins périlleux !

La Renault Torpédo type MT, 1923.

La Renault Phaeton type D, 1901.

Louis Renault lors de la course Paris-Madrid, en 1903.

... et un pilote d'exception

En 1900, victime d'une rupture de pièce, Louis Renault effectue la course Paris-Toulouse en pilotant d'une seule main, l'autre servant à arroser le moteur avec une cuillère d'huile ! Après huit changements de pneumatiques et un essieu tordu, il arrive de nuit, sans éclairage. Roulant à l'aveugle, il s'encastre dans la voiture d'un charretier et tombe sur la tête. Une heure plus tard, il termine enfin sa course, mais à pied. Louis Renault n'abandonne jamais, il va toujours au bout de ses projets, même les plus farfelus. Il remportera plusieurs victoires avec son frère Marcel : Paris-Ostende (1899), Paris-Toulouse (1900), Paris-Berlin (1901). Mais lorsque Marcel disparaît en 1903 des suites d'un accident, Louis se recentre sur son métier de chef d'entreprise et abandonne la compétition.

UNE HISTOIRE QUI A MARQUÉ LES ESPRITS

Lors de la Première Guerre mondiale, Renault s'est retrouvé impliqué dans le célèbre épisode des taxis de la Marne. Nombre d'entre eux étaient en effet des modèles de la marque et ont été réquisitionnés pour transporter vers le front les troupes casernées à Paris.

Sur la route du taylorisme

En 1911, aux États-Unis, Louis Renault rencontre le constructeur Henry Ford et l'ingénieur Frederic Winslow Taylor, le père de l'organisation scientifique du travail. Le patron de Billancourt est conquis par les méthodes américaines qui permettent un gain de productivité significatif. Le travail s'effectue au chronomètre tout en rationalisant chaque poste de travail. Mais appliquée trop rapidement, cette nouvelle méthode provoque le mécontentement des salariés et déclenche plusieurs mouvements de grève. Afin de remédier à cette situation, Renault va instituer dès 1912 la représentation ouvrière, encore rarissime à cette époque.

L'entre-deux-guerres voit les États-Unis prendre une avance considérable d'un point de vue économique.

Mais si l'âge d'or des voitures françaises est bel et bien au point mort, Louis Renault est, lui, toujours à la tête de son empire et de ses 20 000 employés.

En 1921, il développe la Société anonyme des usines Renault (SAUR) et fait entrer une banque dans son capital pour l'aider à tenir tête à la concurrence.

Une île symbole

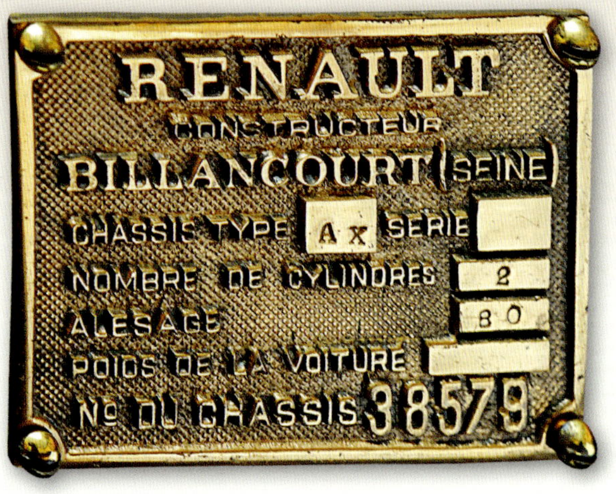

En 1919, Louis Renault achète l'île Seguin afin, initialement, d'en faire un lieu de détente pour ses ouvriers. Finalement, en 1929, une chaîne de montage y voit le jour, destinée à fournir 49 pays. En 1935, ce pacifiste convaincu rencontre Adolf Hitler lors de son déplacement sur le salon de Berlin.

Fasciné par la modernisation de l'Allemagne nazie, il tente de convaincre le chancelier allemand d'établir une entente économique entre les deux pays. En vain…

En 1936, le Front populaire remporte les élections législatives. Les ouvriers de Renault vont alors devenir les symboles de la lutte ouvrière syndicale en France et revendiquent l'amélioration des conditions de travail et de vie.

La même année, la production atteint un record de 61146 véhicules et Louis Renault reçoit la Grande Croix de la Légion d'Honneur.

L'usine de l'île Seguin en 1930.

Le losange est préféré au rond standard, car plus adapté aux formes de l'époque.

RENAULT

Le logo Renault en 1925.

Une fin tragique

En 1939, les usines Renault fournissent du matériel de guerre pour l'armée française. Pour résister à l'avancée allemande, Louis Renault s'expatrie aux États-Unis où il y rencontre le président Roosevelt. Hélas, ses usines sont réquisitionnées par la Wehrmacht et passent sous administration allemande, sous la tutelle de Daimler-Benz. Après la Libération, Louis Renault est accusé de collaboration et voit la presse se déchaîner contre lui. Incarcéré à la prison de Fresnes pour « atteinte à la sûreté de l'État », sa santé se dégrade rapidement. Il décède le 24 octobre 1944 à l'âge de 67 ans.

Ligne de montage du modèle Monastella fabriqué à l'usine de Boulogne-Billancourt en 1930.

La Renault Frégate berline transfluide, 1958.

Renault, entreprise de la Nation

En 1945, l'État nationalise Renault, qui devient la Régie nationale des usines Renault. Deux ans plus tard, une petite voiture va symboliser le renouveau de la marque française : la 4 CV. Produite à 1 000 exemplaires par jour dans une usine de 40 000 personnes, cette petite auto est la première d'une longue série. Active jusqu'en 1992, l'île Seguin s'avère trop petite et inadaptée aux grandes cadences et aux nouvelles techniques. Le site fermera ses portes après 60 ans d'histoire.

Surnommée la « 4 pattes », la Renault 4 CV fut pensée dans le secret absolu pendant l'Occupation. Elle sera produite à 1 105 547 exemplaires.

Paris-Rouen : la première course automobile de l'histoire

L'histoire de l'automobile est indissociable de la compétition. Son évolution, sa technicité, ses progrès liés à la sécurité sont autant d'atouts testés et approuvés sur les circuits ou sur la route contre le chronomètre.

Un « concours de voitures sans chevaux »

En 1894, la première manifestation automobile a lieu. Ce rendez-vous n'est pas une course proprement dite mais un concours, un trajet à parcourir entre Paris et Rouen, sans notion de vitesse ou de temps. S'il y a bel et bien une opposition entre pilotes et voitures avec une élimination prévue tous les cinquante kilomètres, il s'agit plutôt ici de récompenser un véhicule sûr, sans danger, facile à manier et d'un usage peu coûteux.

Paris-Rouen n'en demeure pas moins le premier rendez-vous de ce genre, une course entre *gentlemen* avec une rivalité technique et commerciale entre les marques doyennes, Peugeot et Panhard & Levassor, mais aussi Jeantaud, Serpollet ou encore Garrard. Dans un univers encore très « hippomobile », les passants assistent alors à la première manifestation publique de « voitures sans chevaux ».

« 3-2-1-partez ! »

Sur la ligne de départ : 26 véhicules. Ce 18 juillet 1894, la course est organisée par Pierre Giffard, journaliste pour *le Petit Journal* qui deviendra plus tard *l'Équipe*. Les véhicules inscrits font appel aux énergies motrices les plus disparates. Ils sont tous à l'état de prototypes, les plus simples étant ceux propulsés par des machines à vapeur, les plus modernes par un moteur à explosion.

D'abord exposés à Neuilly-sur-Seine, ces bolides partent passer l'épreuve éliminatoire : sur cinq parcours de 50 km partant de Paris, 21 véhicules se qualifient pour l'épreuve finale à destination de Rouen.

La première compétition automobile de l'histoire à la une de la presse (1894).

Le Petit Journal

SUPPLÉMENT ILLUSTRÉ

Huit pages : CINQ centimes

TOUS LES JOURS
Le Petit Journal
5 Centimes

TOUS LES DIMANCHES
Le Supplément illustré
5 Centimes

Cinquième année — LUNDI 6 AOUT 1894 — Numéro 194

Concours du « Petit Journal »
LES VOITURES SANS CHEVAUX

Un concurrent du Paris Rouen sur Peugeot Phaeton 3HP (1894).

En route pour l'aventure !

La France va rapidement s'affirmer comme le précurseur dans le domaine des courses partant de Paris pour une autre ville de province. Par la suite, ces courses se dérouleront toujours sur route, les circuits fermés réservés à la compétition n'étant pas encore d'actualité. Si les concurrents ont pour obligation de respecter un poids maximum autorisé afin de limiter leur puissance, les moteurs eux aussi sont rapidement bridés. Outre la maîtrise de la technique, c'est surtout l'engouement du public pour ce genre de manifestation qui écrit les lettres de noblesse de ces premières compétitions et font entrer les pilotes vivants dans la légende. Après le vélo, l'automobile attire aussi les foules. Un intérêt qui ne s'est pas démenti depuis, les compétitions restant encore aujourd'hui le meilleur vecteur de communication pour les constructeurs dans le monde de l'automobile.

Au volant, à gauche, le comte De Dion dans son tracteur à vapeur Dion-Bouton, grand gagnant de la compétition.

Paris-Rouen, 145 km

Le départ est donné à 8 h pour une arrivée estimée à… 20 h ! La vitesse maximale étant alors de 20 km/h, autant dire qu'il faut s'attendre à de nombreux abandons.

Chaque voiture emporte un examinateur, délégué par l'organisateur, assisté d'un ingénieur consultant chargé à son retour sur Paris, en train, d'attribuer une note sur 20.

Les voitures totalisant moins de 16 seront éliminées. Des arrêts sont obligatoires pour déjeuner, mais surtout pour permettre aux examinateurs de changer de voiture. Le tracteur à vapeur du marquis De Dion, le plus puissant, prend la tête, bientôt suivi des Peugeot et des Panhard & Levassor. Le pavé de la banlieue éprouve fortement les véhicules les plus lourds. À Mantes, ville-étape, certains arrivent avec plus de deux heures de retard devant une foule enthousiaste. Dans l'après-midi, les abandons se succèdent et les pannes diverses et variées se multiplient !

Et le gagnant est…

À Rouen, les rescapés ont fière allure ! Ces messieurs, pilotes en chemise blanche avec melon ou canotier, ont beau être souillés d'huile et de poussière, la joie d'être arrivé au bout de ce périple avant la nuit l'emporte sur la fatigue. Le comte Jules-Albert de Dion, arrivé le premier avec son tracteur à vapeur attelé d'une calèche, sera finalement déclassé par le jury, la faute à une erreur de points due à un barème très compliqué. La prime promise au vainqueur, d'un montant de 5 000 F, sera finalement partagée entre Panhard et Levassor et les fils de Peugeot frères.

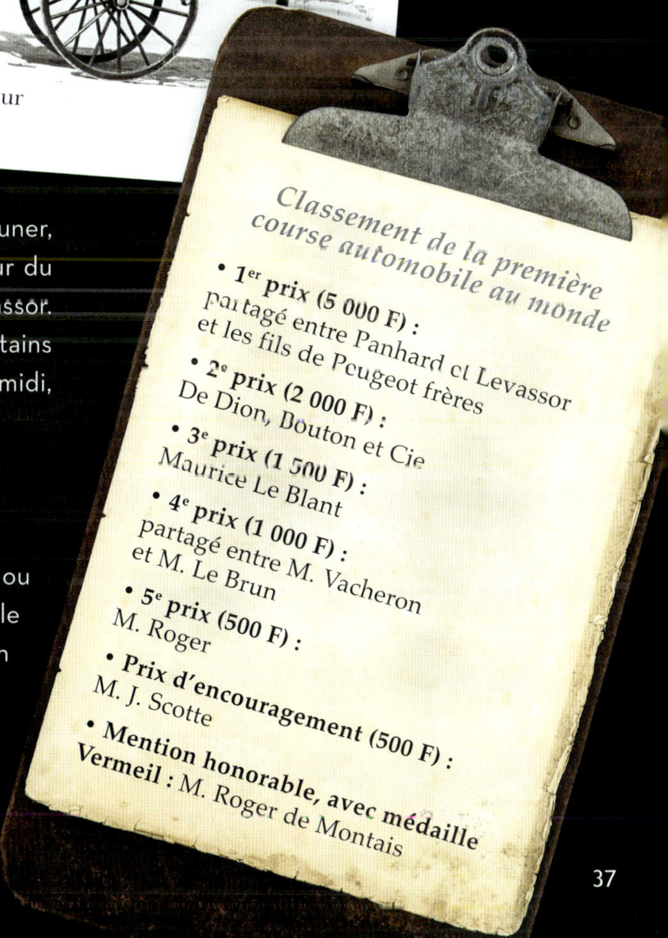

André Citroën, à la pointe de l'innovation

Première grande réussite de la marque française, la Citroën type A est intimement liée à la politique d'entreprise menée par André Citroën dont les ambitions étaient de produire et de distribuer des automobiles à grande échelle.

André Citroën (1878-1935)

À l'origine des « chevrons »

Né le 5 février 1878 à Paris, André Citroën est le fils d'un diamantaire juif néerlandais émigré à Paris en 1873 et d'une mère polonaise originaire de Varsovie.

En 1900, lors d'une visite familiale en Pologne, il rencontre un ami de son beau-frère dont l'un des clients a mis au point un procédé d'engrenages aux dents taillées en V, communément appelé « à doubles chevrons ». Immédiatement convaincu du bien-fondé de cette invention qui permet un plus grand silence de fonctionnement et de transmettre des puissances importantes, André Citroën décide d'importer ce concept. Avec une entreprise américaine, il le met au service de sa propre société.

Chaîne de montage de l'usine Citroën située quai de Javel à Paris (v. 1920).

Le fordisme comme modèle d'organisation

En 1912, lors d'un voyage d'affaires aux États-Unis pour le constructeur Mors en qualité de directeur général administrateur, André Citroën visite l'usine Ford de Dearborn près de Detroit et apprend sur le terrain les bienfaits du « fordisme » avec un interlocuteur privilégié : Henry Ford. Cette démocratisation des biens de production industrielle fabriqués en grande série à moindre coût de revient passionne le dirigeant français.

Lors de la Grande Guerre, il met à profit son savoir-faire et met en pratique ce procédé afin de créer une usine de munitions, dans laquelle il impose à ses ouvriers des cadences de travail inédites à l'époque. Lorsque l'Armistice sonne le glas de son entreprise initiale, André Citroën revient à ses premiers amours, l'automobile, selon un modèle d'organisation similaire. En quatre mois, il transforme son usine d'armement en site de production. La voiture connaît à l'époque une immense popularité en France et Paris en devient la capitale mondiale. En 1919, la marque au chevron naît sous l'appellation « Citroën ».

Un lancement pour le moins original...

Se basant sur la réussite de la Ford T, André Citroën communique à la presse française son désir de créer une voiture populaire à moindre coût : 7 250 F exactement, quand une Ford T avoisine les 840 $. Une annonce retentissante – une voiture de ce type vaut en moyenne à l'époque au moins le double – qui sera la première campagne de publicité française à grande échelle. En deux semaines, celle-ci génère plus de 16 000 demandes de renseignements auprès de l'entreprise.

La Citroën type A 10 CV, une voiture de légende

Première automobile d'une longue dynastie, ce modèle est l'ancêtre des DS et autres tractions. Le premier exemplaire sort des chaînes de montage en juin 1919. Le 7 juillet, la première vente de la marque aux chevrons se réalise. La Citroën type A possède un moteur 4 cylindres de 1 327 cm³ développant 18 chevaux pour une vitesse de 65 km/h.

Produite intra-muros quai de Javel dans le 15e arrondissement parisien, elle est vendue à 24 093 exemplaires jusqu'en 1921. Déclinée ensuite en d'autres versions, la Citroën type A est une réussite à tous points de vue pour André Citroën.

Un pari risqué qui s'est avéré gagnant, car investir des sommes aussi colossales après-guerre n'était alors ni fréquent ni évident.

UN STYLE PAS COMMUN

Lors de sa première livrée, la type A est construite dans sa version Torpédo avec quatre places et trois portes. L'originalité de cette voiture réside dans l'éclairage et le démarrage électrique, une grande innovation de l'époque. Équipée d'un accélérateur central, elle est en revanche dépourvue de freins avant et l'ossature de son châssis est en bois. Dernière singularité, rarissimo à l'époque : le volant est placé à gauche !

André Citroën fut l'un des premiers à croire aux mérites de la publicité. Il conçut des campagnes spectaculaires afin d'informer et de fidéliser sa clientèle.

Bugatti, l'excellence et le prestige

Dès 1909, Bugatti révolutionne le monde de l'automobile. Imaginées par un créateur de génie, Ettore Bugatti, surnommé « le Patron », ces voitures luxueuses et sportives bouleversent les codes de l'esthétisme. Chacune de ces créations doit être unique, performante et à la pointe de la technologie.

Une marque 100 % française

L'usine Bugatti voit le jour à Molsheim-Dorlisheim en Alsace, une région encore allemande avant la Grande Guerre. Des glorieuses années 1920 jusqu'à l'aube de la Seconde Guerre Mondiale, de véritables œuvres d'arts roulantes y sont méthodologiquement pensées et construites avec une précision digne d'un horloger.

À la fin de la Première Guerre mondiale, Ettore Bugatti se tourne vers la compétition afin de promouvoir ses célèbres voitures bleu de France, l'Alsace étant devenue française. Une entreprise qui lui réussit : Bugatti compte plus de 10 000 victoires internationales en course, 37 records, et produit plus de 7 500 voitures destinées à la route aussi exceptionnelles que luxueuses, dont les plus emblématiques sont aujourd'hui conservées à la Cité de l'Automobile de Mulhouse, avec la collection des frères Schlumpf.

Ettore Arco Isidiro Bugatti, un génie autodidacte

Né à Milan en 1881, cet homme d'exception, au caractère bien trempé, est issu d'une famille d'artistes – lui-même fréquentera l'Académie des Beaux-arts Brera de Milan. Mais sa passion est ailleurs.

À l'âge de 14 ans, il découvre la mécanique et devient apprenti dans une fabrique de bicyclettes. Il y conçoit son premier tricycle motorisé équipé de deux moteurs De Dion et se destine à la compétition. Devenu pilote, grisé par la vitesse, Ettore Bugatti remporte la Turin-Pinerolo-Avigliana-Turin et finit second de la course Paris-Bordeaux en 1899. La même année, il assemble son premier véhicule à quatre roues, la future type 1.

En 1900, grâce à l'appui financier du comte Gulinelli, il fabrique sa première automobile, la type 2, et se voit récompensé d'une médaille lors de l'Exposition internationale de Milan. Son talent est alors mis à profit par le baron De Dietrich, un contrat qu'Ettore Bugatti va honorer jusqu'en 1904 avec la type 7.

Avec 1 851 victoires en compétition, la Bugatti type 35B affiche un palmarès impressionnant. Sur circuit, ce bolide file déjà à plus de 200 km/h !

Achille Varzi, un pilote de légende associé à une marque mythique.

À droite, Ettore Bugatti lors du Grand Prix d'Espagne en 1926.

« Mes voitures sont faites pour avancer »

Ettore Bugatti collabore ensuite avec la marque populaire Mathis afin de réaliser la Mathis Hermes, une voiture dont la transmission est assurée aux roues par deux chaînes d'une taille impressionnante, le fruit d'un savoir-faire avant-gardiste. Deux ans après, il se sépare de son associé Émile Mathis et se concentre sur les voitures de sport prestigieuses. Élaborée dans son garage dans la plus stricte intimité, la type 10 répond à ses désirs de légèreté et de puissance, des critères essentiels en compétition.

Tout au long de sa carrière, Ettore Bugatti n'aura de cesse de mettre ses voitures à l'épreuve, la course lui offrant ce « laboratoire » réel pour étudier la fiabilité de ses moteurs et de ses châssis ainsi que la pertinence de ses idées novatrices – dont les progrès mèneront à plus de mille brevets déposés.

De succès en succès

Bugatti évoque le luxe, des voitures exclusives aux finitions d'une rare qualité. Leur signe distinctif : une calandre en forme de fer à cheval chère à Ettore Bugatti, passionné d'équitation. Son premier succès, la Bugatti type 13, est une voiturette de faible cylindrée (1 327 cm^3), dont le poids plume de 560 kg lui permet de rouler à 80 km/h. Lors de sa présentation au Salon de Paris, elle rencontre un grand succès et dès 1912, elle se forge un véritable palmarès en compétition. Le pilote Ernest Friederich apporte à la marque sa première grande victoire lors de la Coupe des voiturettes au Mans en 1920. Toujours dans le domaine de la compétition, la type 35 reste encore aujourd'hui la voiture de grand prix au tableau de chasse le plus éloquent, avec près de 2 000 victoires.

Bugatti devient ainsi le constructeur le plus couronné d'avant-guerre avec une voiture d'une finesse et d'une élégance sans rivale. Ses roues en aluminium coulé, qui incluent le tambour de frein, et son moteur huit cylindres, qui permet des régimes élevés, sont des atouts encore inconnus de la concurrence.

La Bugatti Torpédo type 19 « Bébé », 1911.

Luxe, tradition et passion : les maîtres-mots de la marque.

L'heure de la relève

En 1936, Jean Bugatti, le troisième enfant d'Ettore, né en 1909, prend le contrôle de l'entreprise familiale. Son travail se concentre sur une réduction des coûts de production et l'aérodynamisme alors très en vogue. Il va assurer la continuité d'une réussite, la type 57, une voiture de tourisme dont les performances n'ont pas d'équivalences en France. Ce modèle est présenté au Salon de l'Automobile en 1933 avec son moteur huit cylindres en ligne avec double arbre à cames en tête et sera ensuite décliné en plusieurs versions : Galibier, Ventoux, Stelvio, Atalante, Aérolithe (un prototype dessiné et réalisé par Jean Bugatti) et Atlantic (la plus rare, produite à trois exemplaires seulement). En 2010, l'une d'entre elles sera vendue entre 30 et 40 millions de dollars.

Départ du Grand Prix de Nice de 1934. En première ligne, portant le n° 20, la Bugatti 59, conduite par René Dreyfus.

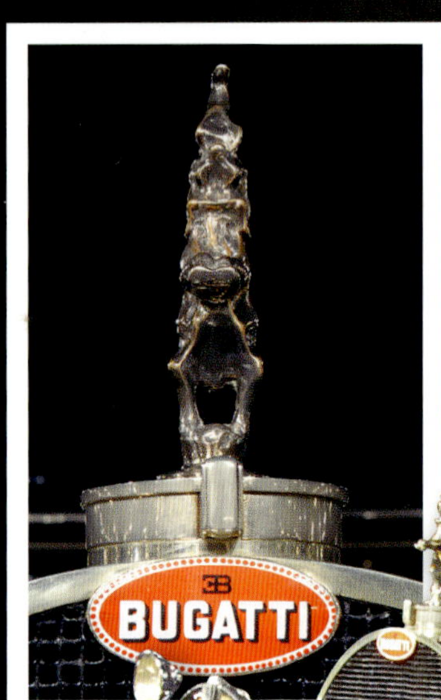

L'emblème de la Bugatti Royale : cette sculpture en argent d'un éléphant en guise de bouchon de radiateur.

LA BEAUTÉ PAR L'EXUBÉRANCE

Plus connue sous le nom de Bugatti Royale, la type 4I, tout spécialement destinée aux chefs d'État, est produite uniquement à six exemplaires, en I927. Elle répond à la volonté d'Ettore Bugatti de concevoir la voiture la plus extraordinaire de tous les temps : 3 tonnes, presque six mètres de long, I217 de cylindrée (l'équivalent d'un avion), 300 CV, avec des roues d'un mètre de diamètre ! Mais cette démesure a un prix, 500 000 F, qui va se traduire par un échec commercial.
En I950, le dernier modèle, la berline de voyage, propriété de la famille Bugatti, a été revendu à l'Américain Briggs Cunningham contre 3000 dollars et plusieurs réfrigérateurs (des biens introuvables après-guerre en France). En I987, lors d'une dernière transaction, la même voiture s'est vendue 8,I millions de dollars.

La Bugatti Royale Coupé type 41, 1929.

Les années noires

Quand le krach boursier de 1929 éclate en Europe, l'entreprise Bugatti se réfugie dans la création d'autorails, de bateaux, et même d'un avion. En 1937, Bugatti s'impose aux 24 Heures du Mans, puis en 1939 avec la Type 57G. Mais un tragique événement va sceller l'avenir de cette société familiale. Jean, pilote d'essai à ses heures, se tue en effectuant des tests sur la route le 11 août 1939. Ettore reprend alors les rennes de l'entreprise, mais la Seconde Guerre Mondiale va précipiter la fin de la marque. En 1945, dans un contexte économique délicat, « le Patron » tente de redémarrer sa production, mais une pneumonie le terrasse le 21 août 1947 à l'âge de 66 ans.

La Bugatti type 52, une véritable œuvre d'art.

POUR LES ENFANTS SAGES

En 1927, Ettore Bugatti décide d'offrir à son fils Roland une Bugatti 35 à sa taille, réduite de moitié. Surnommé « Baby », ce jouet luxueux est propulsé par un moteur électrique, capable d'atteindre les 20 km/h. Les clients qui l'ont aperçue dans les locaux de l'usine de Molsheim réclamèrent auprès d'Ettore Bugatti un exemplaire. C'est ainsi qu'en 1928, une centaine de ces voitures furent fabriquées pour être vendues à de riches clients, comme le jeune prince héritier du Maroc.

Les femmes élégantes voyagent en Bugatti (publicité de 1935).

Une histoire sans fin

En 1987, un Italien, Romano Artioli, rachète la licence Bugatti et présente l'EB110 en l'honneur du 110e anniversaire de la naissance d'Ettore Bugatti. Puissante, luxueuse et moderne, fidèle à l'esprit originel de la marque, celle qui est alors la plus rapide de son époque est produite à une centaine d'exemplaires.

Mais l'entreprise fait faillite en 1996. Aujourd'hui, Bugatti est la propriété du groupe Volkswagen. En 2001, un nouveau modèle est lancé : la Bugatti Veyron, la voiture de tourisme la plus rapide du monde (407 km/h), mais aussi l'une des plus chères (2,5 millions d'euros pour la Super Sport). Aujourd'hui, le diamant de la marque est la Chiron Super Sport 300+, 1600 CV, produite en série limitée à 30 exemplaires et vendue au prix de 3,5 millions d'euros environ. Après plus de 110 ans d'expérience, l'esprit Bugatti n'a pas fini de perdurer.

La Bugatti 57S Atalante, 1936.

Le Rallye Monte-Carlo, une institution

Le Monte-Carlo est au rallye ce qu'est Le Mans en endurance : une compétition automobile de renommée mondiale. Le plus ancien et le plus prestigieux des rallyes est celui qui a fait « naître » des pilotes et des autos légendaires.

Un périple épique

Particulièrement sélectif, les routes sinueuses de montagne sont la marque de fabrique du Rallye Monte-Carlo, tel le mythique col du Turini sur les hauteurs de Nice avec ses lacets enneigés où de nombreux pilotes se sont illustrés devant des milliers de spectateurs.

Dans les années 1970, il fut le théâtre d'un spectacle attendu, la seule épreuve où le spectateur passionné pouvait se retrouver dans une auberge au milieu des Alpes de Haute-Provence, face à face avec le pilote de ses rêves grignotant rapidement un casse-croûte avant de repartir en liaison vers un secteur chronométré. Le Rallye Monte-Carlo a gagné ses lettres de noblesse en devenant une épreuve où chaque région de France était impliquée. Les départs avaient lieu de toute la France pour rejoindre le point d'arrivée, Monaco et sa principauté.

Arrivée de l'édition 1935.

Affiche officielle de la 10e édition conçue par Robert Falcucci (1931).

UN UNIVERS IMPITOYABLE

« Le Monte-Carle », comme on le surnomme, c'est de la glace, de la neige, des routes dangereuses, le plus souvent humides. Les pilotes sont exténués et roulent nuit et jour dans la froideur.
Une véritable aventure humaine qui reste, après plus d'un siècle d'existence, le rallye de référence.

Le front de mer, passage obligé du Rallye (1954).

1911 : la première édition

Organisé aujourd'hui par l'Automobile Club de Monaco, le Rallye est à l'origine pensé par deux Monégasques, Gabriel Vialon (huissier) et Anthony Noghès (fils d'Alexandre Noghès, président du Sport vélocipédique et automobile de Monaco). Pour se démarquer des compétitions existantes et attirer la jet-set européenne, le comité d'organisation décide de créer une épreuve routière destinée aux véhicules de tourisme où il n'est aucunement question de réaliser le meilleur temps. Selon un règlement compliqué construit sur un barème de points, seule la régularité permet d'obtenir le meilleur classement avec une vitesse limitée à 25 km/h. Différentes villes européennes sont sur la ligne de départ. Celui qui se rapprochera de la meilleure moyenne kilométrique sera déclaré vainqueur.

Pas moins de 20 équipages sont engagés au départ pour cette première avec un trajet défini pour chacun d'entre eux. 18 seront finalement à l'arrivée, la victoire revenant au Français Henri Rougier sur une Turcat-Mery, après 24 heures de délibération, l'attribution des points s'avérant des plus compliquées.

De cette époque, il reste une épreuve charismatique où les routes souvent défoncées et dangereuses rendent l'épreuve périlleuse et les passages de frontières compliqués. Et ces voitures ont également un autre objectif pour obtenir une bonne note : arriver à Monaco propres, rutilantes, avec la célèbre « plaque rallye » du Monte-Carlo correctement vissée sur le pare-chocs...

Les vainqueurs du Rallye en 1927.

Quand le sport s'en mêle…

Les *gentlemen drivers* amateurs ont depuis longtemps laissé la place aux pilotes « d'usines » financièrement et techniquement aidés par des constructeurs. Le Monte-Carlo entre alors dans une autre dimension, plus sportive. Le départ est donné depuis des secteurs de liaison dits « de concentration » – tel Reims, historiquement l'une des villes les plus emblématiques – avant de rejoindre un parcours commun appelé « circuit de montagne ». Vers 1965, le classement « scratch », fondé sur les meilleurs temps réalisés lors des épreuves dites « spéciales », entre en vigueur. Ce changement était nécessaire afin de rejoindre le Championnat du monde des rallyes lors de sa création en 1973 (WRC).

En 1973, les Alpine-Renault A110 occupent les trois premières places du podium.

Sébastien Loeb et son copilote, Daniel Elena, remportent la 80e édition du Monte-Carlo en 2012.

Les seigneurs de l'asphalte

Dans les années 1960, les grands constructeurs commencent à s'affronter, notamment Citroën, Saab et Mercedes-Benz. Les pilotes scandinaves, plus habitués aux conditions hivernales, affirment leur suprématie, tel Erik Carlsson au volant de sa Saab 96.

Au Monte-Carlo, tout est affaire de stratégie, de tactique et de pilotage, et non de puissance. Preuve en est avec le pilote britannique Paddy Hopkirk, vainqueur en 1964 grâce à une petite voiture révolutionnaire, une des moins rapides en montée mais terriblement efficace en descente, la célèbre Mini Morris Cooper S. L'année suivante, même la vrombissante Ford Mustang d'Henry Greder ne pourra rivaliser !

Ils ont écrit la légende

Les deux décennies suivantes, les constructeurs, tels que Renault ou Peugeot, mettent au point des bolides surpuissants souvent dotés de 4 roues motrices avec des pneumatiques adaptés suivant les conditions météorologiques rencontrées. Des autos de course spécialement étudiées pour le Monte-Carlo font leur apparition, telle la Lancia Stratos aux formes aérodynamiques révolutionnaires. À son volant, Sandro Munari enchaîne trois victoires de 1975 à 1977. Le dernier succès de cette auto iconique est assuré par Bernard Darniche en 1979.

Les années 1980 sont quant à elles marquées par l'Audi Quattro groupe B, un monstre de 360 chevaux, qui recevra plus tard un kit lui permettant de développer jusqu'à 800 chevaux ! L'Allemand Walter Röhrl, qui refuse ces améliorations, remporte le Rallye à quatre reprises au volant de quatre voitures différentes. Carlos Sainz surnommé « El matador », et le Français Didier Auriol marquent, eux, les années 1990 avec trois victoires chacun.

Les années 2000 sont celles de tous les records : quatre victoires consécutives pour le Finlandais Tommi Mäkinen. Quant aux incontournables « Sébastien » Loeb et Ogier, forts de leurs sept succès sur le Monte-Carlo, ils demeurent à ce jour les plus capés sur le Rocher monégasque.

SUR LA ROUTE DU « MONTE-CARLE »

Des petites bourgades, des routes ou des cols tels le Turini, le Burzet, Saint-Bonnet le Froid, Saint-Nazaire le Désert, Saint-Jean en Royan, le col de la Fayolle..., vont ainsi devenir célèbres pour leur difficulté et participer à la légende de ce rallye qui traverse également la Savoie, l'Ardèche, la Drôme, les Hautes-Alpes et bien sûr le haut-pays niçois.

LE SAVIEZ-VOUS ?

En 1967, Johnny Hallyday fait équipe avec Henry Chemin au volant d'une Mustang – un choix évident pour l'icône du rock'n'roll !

En 1985, Ari Vatanen au volant de sa Peugeot 205 Turbo 16.

La Ford T, l'automobile pour tous !

Si les constructeurs français ont la part belle dans cet ouvrage, il en est un, américain, qui ne pouvait pas ne pas y figurer : Henry Ford, celui qui a révolutionné l'univers automobile aussi bien économiquement que socialement et qui a popularisé la voiture.

Vive la démocratisation !

En 1907, dans l'Hexagone, on dénombre 250 000 véhicules, un chiffre qui sera doublé en 1914, avec 500 000 voitures recensées. À l'origine de ce phénomène, un modèle : la fameuse Ford T. L'industrie automobile est alors l'un des secteurs les plus importants et les plus influents et la voiture occupe rapidement une place éminente dans le mode de vie familial. Objet de tous les désirs, ce produit de consommation phare du XXe siècle est voué à un avenir certain, à l'instar d'autres inventions telles que la radio, la télévision, ou encore le réfrigérateur.

Henry Ford entouré du premier modèle automobile de la marque et du 10 millionième exemplaire de la Ford T (1924).

LE SENS DE LA FORMULE

Henry Ford a adapté le travail à la chaîne suivant une devise simple mais efficace : « une production de masse destinée à une consommation de masse ». Une devise si bien appliquée qu'en 1926, une Ford T sort de la chaîne de montage toutes les 24 secondes !

Celui par qui tout arriva...

Si Henry Ford est un visionnaire et un homme d'affaires, il est également le premier à imaginer une voiture populaire. Afin de proposer une automobile au prix maximal de 825 $, la future Ford T, il conçoit un modèle économique de production en série fondé sur le principe de lignes d'assemblage. L'activité de l'ouvrier y est décomposée en tâches élémentaires afin de lui permettre de travailler sur des machines-outils spécialisées. Les gestes vont s'en trouver simplifiés et normalisés et la productivité sensiblement augmentée. Assemblée suivant une standardisation de ses pièces, la Ford T adopte une méthode déjà utilisée dans le domaine de l'armement, qui consiste à produire des pièces interchangeables dans la construction du véhicule. Ce modèle, appelé « fordisme », est poussé à son paroxysme par Henry Ford qui va jusqu'à choisir une seule et unique couleur, le fameux noir de ses Ford T, afin de gagner du temps, et donc de l'argent. En 1913, Ford introduit même la manutention des pièces à l'aide de convoyeurs. Le temps de montage d'un châssis de Ford T passe alors de 729 minutes à 93 minutes !

La mythique Ford T fut fabriquée de 1908 à 1927.

À la sortie de la ligne de montage, les voitures sont enfin prêtes à partir vers leurs futurs propriétaires (usine Ford de Manchester, v. 1920).

La Ford T, la voiture du peuple

Surnommée « Tin Lizzie » et désignée comme la voiture la plus influente du XXe siècle selon un sondage international, la Ford T se distingue par son prix défiant toute concurrence (825 $ contre 2 000 $ pour les modèles de gamme identique) et par le fait qu'elle est la première automobile à offrir à la classe moyenne américaine la possibilité de voyager.

De conception assez simple, la Ford T est compacte, séduisante et touche un très large public. Sa version définitive est le fruit de plusieurs prototypes. Son bloc-moteur est coulé en un seul bloc, son châssis est composé d'une simple « échelle » rectiligne et sa carrosserie est composée d'un maximum de tôle et d'un minimum de bois.

Son poids (de 550 à 750 kg selon la finition) lui permet d'atteindre la vitesse maximale de 70 km/h. En revanche, elle pêche par sa consommation, un critère qui n'était pas prioritaire à l'époque : 18 l/100 !

Jusqu'en 1927, fin de sa commercialisation, la Ford T a été vendue à 16 482 040 exemplaires dans le monde. Elle reste aujourd'hui encore dans les annales comme l'une des rares voitures ayant connu un succès fabuleux !

Publicité parue dans le magazine *Vanity Fair* en 1930.

Tout le monde peut avoir une Ford T de la couleur qu'il souhaite, à condition que ce soit le noir... Henry Ford

La « Petite Citron », la bien-nommée

Dans la continuité de la première Citroën, la type A 10 HP produite en 1919, André Citroën ambitionne d'investir le segment des petites voitures alors monopolisé par deux de ses concurrents, Renault et Peugeot. Avec toujours la même exigence : une solidité à toute épreuve.

La gente féminine apprécie ce nouveau petit modèle, pratique et maniable.

Le trait d'union parfait entre le vélomobile et les voitures conventionnelles

Dans les années 1920, le gouvernement français décide, par le biais d'avantages fiscaux, d'encourager les constructeurs automobiles à produire des vélomobiles (des cycles protégés par une carrosserie aérodynamique) – déjà une prise de conscience économique et écologique ! Pour ne pas être taxée, une voiture doit donc impérativement peser moins de 350 kg.

Mais selon André Citroën, qui dit voiture légère dit également de trop grands compromis concernant la solidité – ce qui est pour lui inenvisageable. Il décide donc de réaliser un premier prototype avec un moteur monocylindre de 750 cm^3 décliné en deux versions d'essais : l'un refroidi par air et l'autre par eau. Mais le résultat final ne le convainc pas. Son équipe envisage alors la possibilité d'une carrosserie tout acier, mais qui s'avère trop lourde. De leurs cartons sortira finalement la type C 5 HP. Sa carrosserie tôle est clouée sur du bois et son moteur est léger. En 1922, la première livrée est de couleur jaune, ce qui lui vaut le surnom de « Petite Citron ». Contre toute attente, ce modèle, la première « voiture de dames », est promu à un grand succès commercial.

La première voiture populaire européenne

La Citroën type C est la première voiture à être produite en série. Sa colonne de direction est à gauche en France, mais pour l'exportation, des versions sont produites avec une direction à droite. Lors de son lancement, elle est proposée dans un modèle Torpédo deux places, mais avec une seule porte à droite, la partie gauche supportant la roue de secours. Son succès est tel qu'elle représente la moitié des ventes de Citroën. Le réseau de la marque prend alors une dimension européenne.

Produite à Levallois, la Citroën 5 HP est distribuée en Angleterre, en Belgique, en Espagne, aux Pays-Bas, en Suisse, au Danemark et même en Algérie. Entre 1922 et 1926, sa production totale est de 80 232 exemplaires – une réussite au goût amer pour la concurrence...

La Torpédo type C, un modèle qui porte bien son surnom (1923).

Une petite voiture « caméléon »

Dans sa première version dite « Torpédo », l'arrière de la voiture en pointe lui donne une allure sportive – ce qui n'est pas pour déplaire, surtout lorsque l'on peut également y loger une malle de dimension correcte dans le coffre prévu à cet effet. Le capot possède trois fentes d'aération et les chevrons bleus posés sur une base nickelée sont du plus bel effet.

Le modèle suivant, le T3-1, gagne une place. Son arrière est plus arrondi et le siège passager coulisse. Sur la T3-2, la roue de secours est montée à l'arrière, ce qui rend la voiture plus accessible ; la place arrière est centrale, ce qui lui vaudra le surnom de « Torpédo Trèfle ». Grande nouveauté, ses lanternes sont réglables en hauteur et en direction par une barre nickelée.

Pour ces dames, un modèle cabriolet (TL) apparaît en 1923. Son châssis n'est pas renforcé, mais il est plus long. La 5 HP s'embourgeoise, son tableau de bord passe de l'aluminium à l'acajou massif avec incrustation de bois clair, la capote est livrable en simili cuir rouge, brun ou noir.

Déclinée également dans une version destinée aux livraisons, où il est possible d'enlever le siège passager pour gagner de la place, la type C devient résolument populaire et surtout pratique.

Publicité Citroën de 1923.

LA RECETTE : UN ZESTE DE TECHNIQUE ET UNE PINCÉE D'AVANCÉES TECHNOLOGIQUES

Fabriquer une voiture de ce type à moindre coût ne va pas empêcher André Citroën et ses ingénieurs de faire évoluer leurs automobiles. Si la bien aimée « Petite Citron », une voiture fort attrayante car facile à conduire, consomme très peu d'essence et d'huile, c'est notamment grâce à des choix mécaniques judicieux. Initialement équipée d'une magnéto pour la démarrer à la manivelle, l'équipe va rapidement lui ajouter une batterie afin de séduire la clientèle féminine pour laquelle un tour de clé avec un système électrique est en tout point de vue plus adéquat.

Son défaut majeur, qui est également celui de toutes les voitures de son époque, réside dans le freinage, quasiment inexistant – il n'y a pas de frein sur les roues avant – et le confort, pas vraiment de mise avec des suspensions à lames. Pour remédier à ce dernier problème, le châssis va prendre une forme trapézoïdale, dit de « châssis échelle », et des pneumatiques à basse pression « confort » du manufacturier français Michelin sur des jantes à talons seront ajoutés. Ces nouveautés feront de cette automobile un véhicule capable non seulement d'enchaîner les kilomètres, mais surtout de voyager en toute quiétude.

Mais au fil du temps et malgré son succès, la Citroën type C 5 HP ne s'avère pas rentable. Préoccupé par de nouveaux projets, le constructeur français ne peut se permettre de conserver ces chaînes de montages et prend à grand regret la décision de stopper sa production en mai 1926. Encore visible sur les routes dans les années 1960, ce modèle est aujourd'hui devenu rarissime sur le marché des voitures de collection.

La type C sera ensuite proposée dans une version cabriolet baptisée « Trèfle » suite à la création d'une troisième place centrale à l'arrière (1925).

Départ des premières 24 Heures du Mans en 1923.

Les mythiques 24 Heures du Mans

Connue dans le monde entier pour sa célèbre course, la ville du Mans est considérée comme la capitale mondiale des sports mécaniques. Partie intégrante du patrimoine sportif français, la plus grande course du monde déchaîne toujours autant les passions et a atteint une dimension populaire jamais égalée dans l'Hexagone.

La Renault Alpine A442 (1975).

Plus de 90 ans d'histoires, d'aventures, de victoires et de drames

Cette course est née d'une simple conversation dans les allées très chics du Salon de l'Automobile au Grand Palais à Paris en 1922. Georges Durand (secrétaire général de l'Automobile Club de l'Ouest), Charles Faroux (rédacteur du journal *l'Auto*) et Émile Coquille (administrateur de la société de roues Rudge-Whitworth) s'associent afin de lancer un Grand Prix d'endurance de 24 heures. En quelques mois, le projet est affiné et en 1923, 17 constructeurs (dont 15 français) font partie de la liste des 33 engagés sur la ligne de départ.

Disputée dans des conditions dantesques sous une pluie battante, la première victoire revient au duo Lagache-Léonard sur une Chenard et Walker. Étant donné les conditions météorologiques, le public ne s'est pas déplacé en masse, mais tous les acteurs de la compétition (surtout les constructeurs) misent sur cette course d'avenir afin de prouver la fiabilité de leurs voitures. En effet, quel meilleur test qu'une épopée de 24 heures menée tambour battant ?

Des pilotes et des voitures de légende

Dans l'imaginaire du grand public, les pilotes du Mans sont à juste titre comparés à des chevaliers des temps modernes.

Certains sont devenus légendaires comme Henri Pescarolo - 33 participations et 4 victoires aux 24 Heures du Mans (trois avec Matra Simca de 1972 à 1974, une avec Porsche en 1984) - ou encore Jacky Ickx, « Monsieur Le Mans », auréolé de ses six succès, dont l'un, en 1969 avec la célèbre Ford GT 40 américaine, a marqué les esprits. D'autres pilotes y sont également devenus célèbres, à l'image de Jean Rondeau. À l'âge de huit ans, ce Manceau, « bercé » par les 24 Heures, passe son temps à dessiner des voitures de course avec l'intime conviction qu'un jour, il en prendra le volant. En 1980, son rêve devient réalité : il devient le premier pilote à s'imposer au volant de sa propre voiture, la Rondeau M379B. Entre 1997 et 2014, Tom Kristensen, maintenant jeune retraité, a fait de l'endurance sa grande spécialité et est devenu une figure emblématique des 24 Heures. Le Danois y compte 9 victoires, dont 7 avec le constructeur Audi.

La Porsche RS Spyder (2006).

La grille de départ de 1967.

Une source d'inspiration pour le cinéma

En 1970, Steve McQueen, second de la course automobile des 12 heures de Sebring, décide de produire un film autour de sa participation aux 24 Heures du Mans. L'acteur américain ne pouvant participer à la course pour des raisons d'assurance, il loue le circuit de la Sarthe pendant trois mois et sélectionne 25 voitures pour assurer des plans avec lui au volant. Si le film *Le Mans* ne remporte pas le succès escompté, il reste toutefois ancré à jamais dans l'histoire des 24 Heures et du cinéma. Un autre acteur américain, Paul Newman, côtoie fréquemment Le Mans, et uniquement pour sa passion de la course automobile. En 1979, il ne fait pas de la figuration quand il décroche une 2e place dans sa catégorie au volant d'une Porsche 935.

1955, la tragédie

L'accident le plus terrifiant de l'histoire de la course automobile va avoir lieu aux 24 Heures. Le 11 juin 1955, après trois heures de course, la Mercedes de Pierre Levegh, en voulant éviter un concurrent, heurte le mur de la ligne droite des stands devant la tribune principale. S'ensuit une explosion d'une rare intensité provoquant la dispersion dans le public du moteur, du capot ainsi que d'une multitude de pièces. 82 personnes trouvent la mort, dont le pilote français. Suite à cette tragédie, Mercedes se retire de la compétition pendant plus de trente ans et certains pays comme la Suisse interdisent toute course de voitures sur leur sol.

Quarante ans plus tard, le 13 juin 1999, Mercedes est de retour mais défraie une nouvelle fois la chronique : l'Australien Mark Weber s'envole à deux reprises lors des qualifications, puis du *warm-up* du samedi matin. Miraculeusement, il n'y a aucun blessé. À l'avenir, la firme allemande connaîtra heureusement des moments plus fastes dans l'histoire des 24 Heures.

QUELQUES CHIFFRES

- Dans sa version moderne, le circuit fait 13,629 km. Il emprunte une section du circuit Bugatti ainsi qu'une grande partie de route nationale, dont la célèbre ligne droite des Hunaudières où le record de vitesse, qui date de 1988, est de 405 km/h en course.
- L'Allemagne détient le record de victoires (34), la France arrive 3e avec 15 succès depuis 1923.
- Le record de distance en 24 heures est de 5 410,71 km en 2010, soit 397 tours.
- Le 15 juin 2014, pas moins de 263 000 spectateurs assistent à la course. Ce succès populaire prouve que le mythe perdure et que la flamme des 24 Heures du Mans n'est pas près de s'éteindre.

La Mercedes Benz 300 SLR (1955).

La Peugeot 201, en avant !

Née en 1929, celle qui fut la première voiture de la marque fut aussi le premier modèle à être équipé de roues avant indépendantes et à utiliser la nomenclature à « 0 » central encore en vigueur à ce jour.

Chaîne de lustrage de la 201 (v. 1930).

La 201 s'affiche avec son homologue, la 301 (publicité de 1933).

Son cahier des charges

Quoi de mieux qu'un référendum pour concevoir une automobile adaptée aux besoins de sa clientèle ? En 1924, à travers la revue commerciale *Peugeot Revue*, 350 techniciens et ingénieurs décident de s'orienter vers une 6 CV de 4 places à 4 cylindres à un prix de revient très serré. Pour respecter ce cahier des charges, la décision est prise de se passer de différentiel et de monter des freins uniquement sur les roues avant.

Pour être rapidement rentable, la 201 doit être fabriquée selon la nouvelle tendance de production massive, l'objectif étant d'atteindre 350 voitures par jour à raison de 500 heures de travail sur chacune d'elles – à titre de comparaison, la précédente Peugeot nécessitait 1 000 heures de main-d'œuvre...

L'usine de Sochaux étant adaptée, une ligne de montage de deux kilomètres y est spécialement conçue. Tout est pensé pour que la 201 marque le renouveau de la firme Peugeot : une voiture accessible, dans l'ère du temps, répondant aux désirs d'une clientèle de plus en plus exigeante. Seulement 18 mois s'écouleront entre la décision de la concevoir et sa fabrication sur les chaînes de montage en 1929.

Première présentation officielle

En 1929, la 201 est exposée au public parisien et présentée par son constructeur comme étant la voiture la plus économique au monde – ce qui peut paraître un peu prétentieux aux yeux des journalistes présents lors de sa présentation. Le public est pourtant conquis. Capable de rouler à 80 km/h, cette voiture est la plus rapide de sa gamme, un argument de vente efficace. Hormis la vitesse, ses autres atouts sont sa faible consommation d'essence et d'huile et des frais d'entretien minimums. Au 1er mars 1930, 5 000 commandes sont déjà passées. Le succès de la 201 dépasse toutes les espérances du directoire de Peugeot.

En réalité, cette automobile populaire n'a que peu de concurrence et se distingue surtout par ses solutions techniques encore inexplorées dans son secteur. La demande est telle que le stock s'épuise rapidement. Pour y répondre, Peugeot doit lancer de nouvelles succursales et renforcer son réseau pour ne pas subir un revers financier. Car le principal problème réside dans la chaîne de montage : augmenter la cadence de fabrication signifie de limiter les améliorations qui pourraient être portées sur cette automobile au cours de son existence. C'est la raison pour laquelle les carrosseries sur les variantes de la Peugeot 201 ne sont que très peu modifiées.

Publicité des années 1930.

La gamme s'élargit

En 1930, une nouvelle 201, appelée « 201 X », voit le jour, avec une série spéciale de 20 exemplaires équipée d'un moteur Bugatti de 994 cm³ avec arbre à came en tête.

En 1932, première mondiale : la version « confort », dotée de roues avant indépendantes, apparaît. Parallèlement un modèle plus économique est lancé sous l'appellation « rapide », ainsi que deux autres 201, la « S » et la « CS », spécifiquement destinés à la compétition automobile.

En 1933, les 201 adoptent un nouveau châssis dit « bloc tube », plus rigide et mieux adapté aux roues avant indépendantes.

UN CONTEXTE DIFFICILE

En 1926, la filière la plus rentable, les cycles Peugeot, se sépare juridiquement de l'automobile. Au sein de la famille, l'ambiance est pour le moins conflictuelle entre « Le Lion Peugeot », entité des enfants d'Eugène Peugeot, et la société « Les fils de Peugeot Frères ».

En 1924, les trois frères (Pierre, Robert et Jules) avaient déjà pris une décision qui allait tout changer : créer le « Grand Peugeot ». La réorganisation financière s'était mise en place, une nouvelle direction travaillant sur l'avenir de la marque sous l'impulsion, en 1922, de Jean-Pierre Peugeot (le fils de Pierre), d'Édouard Arnaud, Centralien, et de Maurice Jordan, ingénieur des Mines. Ensemble, ils affronteront la crise boursière de 1929 et résisteront à l'effondrement économique grâce notamment au succès de la Peugeot 201.

Face au krach

En 1930, la Bourse de Paris, très fébrile sur les conséquences de la crise financière, pousse Peugeot dans une situation économique délicate. La marque demande alors un gros effort à ses agents : payer les voitures en dépôt dans leur garage et en acheter d'autres en vue de futures commandes. Il s'agit en fait d'un « prêt déguisé » pour redresser la marque au lion. Grâce à ce procédé, Peugeot retrouve une santé financière correcte en 1931.

D'importantes modifications techniques vont ensuite être apportées à la 201 : d'abord d'ordre esthétique, avec des phares « obus », une calandre coupe-vent, des aérations rectangulaires, des pare-chocs épais et des ailes enveloppantes. Puis d'ordre mécanique avec un amortissement souple du moteur, qui réduit considérablement les nuisances sonores dans l'habitacle.

La dernière évolution notable est à mettre au compte du carrossier alsacien Meulenmeester, qui est à l'origine de ce qu'on appelle la « queue de castor », visible sur la Peugeot 201 D. Ce coup de crayon stylistique audacieux sera ensuite repris sur de multiples voitures de l'époque.

La 201 M, qui reprend la carrosserie de la toute nouvelle 301 D, est la dernière produite capable d'atteindre les 100 km/h.

Après huit ans de bons et loyaux services, la 201, le modèle qui a sauvé Peugeot des affres de la crise financière, tire sa révérence.

La Traction Avant est née !

La Berline 7 version cabriolet deux places pour profiter du plein air et du soleil (1934).

Dans la mémoire collective, l'histoire d'une des voitures françaises les plus charismatiques est liée à celle de la Résistance pendant l'Occupation allemande lors de la Seconde Guerre mondiale. Paradoxalement, la Traction Avant est également la voiture préférée des gangsters de l'époque, tel le « gang des Tractions Avant », spécialisé dans les attaques à main armée avec à leur tête, leur chef, Pierrot le fou.

Un modèle phare doublé d'une légende vivante.

Un tournant vers le futur

De l'avis général, le coup de crayon du designer Flamino Bertoni est remarquable et remarqué. Les codes esthétiques sont clairement rompus avec la production classique : la 7 CV n'a pas de marchepieds et sa ligne aérodynamique métamorphose la mode « streamline » alors très en vogue. Mais l'esthétisme ne serait rien sans les compétences techniques d'un certain André Lefebvre qui rend le châssis monocoque, les freins hydrauliques et les suspensions à roues indépendantes. Sa tenue de route est la meilleure jamais observée sur une berline, un argument largement repris et mis en avant par la publicité de Citroën – « La Traction Avant dompte la force centrifuge », pouvait-on lire sur sa brochure commerciale. Le concept de cette automobile va rapidement influencer la majorité des constructeurs mondiaux, dont les Américains, pourtant très attachés à la propulsion arrière. Étant le premier constructeur à maîtriser cette technologie à cardan, Citroën va populariser son usage et en tirer rapidement avantage.

La révolution est en marche !

En avance sur son temps du point de vue technologique, la « Traction » n'est pas propulsée, mais tirée. Autrement dit, ce sont les roues avants, et non plus arrières, qui sont motrices – une particularité mécanique chère à André Citroën.
Lorsque la Traction Avant apparaît en 1934, après seulement dix-huit mois de gestation, Citroën est au plus mal financièrement. Présentée en grande pompe place de l'Europe, le 18 avril, sous le nom de « Citroën 7 CV », elle va rapidement gagner son surnom de « Traction » et devenir le symbole de l'avenir de la marque. Sa réussite commerciale sauvera l'entreprise, endeuillée un an plus tard par le décès de son père fondateur, André Citroën.

D'une version à l'autre...

Dès sa sortie, la Traction Avant se décline en plusieurs variantes pour toucher une large clientèle, mais aussi pour succéder à la Rosalie, vendue à plus de 38 000 exemplaires. Une nouvelle Traction Avant impressionnante est présentée au Salon de l'Automobile en 1934. Son moteur est un V8 de 22 CV, et des renforts sont visibles sur le châssis. Son nom de code : la 32A. Cependant, elle ne dépassera pas le stade du prototype, à cause de son poids trop élevé et de la difficulté rencontrée par les ingénieurs pour la mettre au point.

La première version vue sur les routes, la 7A, constitue l'entrée de gamme et est proposée avec trois carrosseries différentes (berline, cabriolet et faux cabriolet). Son moteur de 1 303 cm³, hélas anémique, est remplacé quelques mois plus tard par un moteur de 11 CV sur la 7S d'une cylindrée de 1 911 cm³. Sur cette base moteur, un nouveau modèle est proposé, la 11 Large, la plus connue des Tractions Avant, qui se veut haut de gamme et familiale.

Une voiture révolutionnaire devenue un emblème patrimonial.

Belle mais capricieuse !

De 1934 à 1936, la Traction Avant n'est pourtant guère un modèle de fiabilité. Il faut cependant préciser que sa conception novatrice ne facilite pas le travail après-vente pour le réseau Citroën. Les premiers clients vont faire les frais d'une mise au point trop hâtive. Les cardans cèdent, entraînant la perte des roues avant ; la caisse monocoque, pas assez résistante, plie, sans parler des problèmes de moteur ou de boîte. Et la Traction ne reprenant pas les organes moteurs de la Rosalie, les dépannages se font attendre. Ce contre-temps va être géré comme il se doit par les ingénieurs, qui vont faire évoluer et fiabiliser les moteurs dès la sortie du millésime 1936. Il est malheureusement trop tard. Suite à cette déconvenue, la société Citroën dépose le bilan et est reprise par la famille Michelin.

La Traction, témoin privilégié de la Libération de Paris (1945).

UNE BRILLANTE FIN DE CARRIÈRE

Qui n'a pas le souvenir de Tractions Avant avec le logo « FFI » flanqué sur les portières ? Même si ce modèle fut également utilisé par la Gestapo, son image de résistante est restée dans toutes les mémoires. Après guerre, la production de la Traction reprend et se voit même équipée d'une suspension hydropneumatique en 1954 sur l'essieu arrière – un argument phare de la célèbre DS qui verra le jour un an plus tard.

Redessinée avec des clignotants, une nouvelle planche de bord plus claire et plus gaie, la Traction va connaître une brillante et imprévue fin de carrière. Grâce à son rapport qualité/prix imbattable, elle restera populaire jusqu'en 1957. Le bilan est plus que positif : près de 760 000 Tractions Avant ont vu le jour et le mythe perdure toujours...

La Renault 4 CV, l'espoir incarné

Secrètement pensée pendant l'Occupation, la Renault 4 CV est le premier modèle à sortir des chaînes de montage des usines Renault de Billancourt et Flins après la nationalisation du constructeur français en 1945.

Affiche publicitaire dessinée et conçue par Raymond Savignac.

Dans les tourbillons de l'Histoire

Pour mieux comprendre l'importance commerciale de cette petite citadine, il faut se replacer dans le contexte économique difficile de la France durant cette période. La guerre a laissé des traces indélébiles et les dégâts sont nombreux. Après quatre années d'occupation, les Français ont du mal à retrouver leur niveau de vie d'antan et ce, malgré leur joie d'être enfin libres.

À son échelle, Renault, le premier constructeur du pays, est dans une position économique délicate : Louis Renault, son directeur charismatique, emprisonné et accusé de collaboration économique avec l'occupant pour avoir construit des camions et réparé des chars de la Wehrmacht, décède le 24 octobre 1944.

Le 15 juin 1945, l'État français décide de créer la Régie nationale des usines Renault, dont le premier projet sérieux est une voiture dans la lignée de la Volkswagen Coccinelle : la Renault 4 CV.

La 4 CV, le symbole de la liberté retrouvée.

Dessin technique écorché
de la 4 CV (1958).

« 4 roues, 4 portes, 4 places, 424 000 francs ! »

Si celle que l'on va rapidement surnommer la « 4 pattes » symbolise le retour de la paix, elle s'avère surtout accessible pour toutes les bourses. La Renault 4 CV correspond aux injonctions du plan Pons du ministère de la Production industrielle, dont l'objectif est de rationaliser l'industrie automobile française. La mission fixée par l'État à Renault étant de concevoir et de produire principalement de petites voitures, la « 4 pattes » représente le modèle idéal.

En 1947, lors de son lancement, sa publicité est l'œuvre du célèbre créateur d'affiches Savignac, qui fait d'elle « la voiture qui remet la France sur ses roues » – un slogan on ne peut plus adéquat avec son époque.

300 premiers exemplaires sont destinés aux concessionnaires, soit une seule 4 CV pour chaque revendeur ! C'est peu dire que l'offre, plus que limitée, ne rassure guère sur les qualités du réseau commercial. Pourtant, grâce aux efforts de ce dernier, les premiers clients ne vont pas tarder pour s'offrir, sans trop attendre, leurs 4 CV. Très souvent proposée dans une couleur jaune à ces débuts, elle va rapidement se trouver affublée d'un autre surnom, celui de la « motte de beurre », également dû à sa forme ronde et sympathique.

Petite mais spacieuse.

La 4 CV traverse les océans et part à la conquête de nouveaux territoires ! (1949)

La rançon du succès

Alors à la tête de la Régie nationale des usines Renault, Pierre Lefaucheux n'est pas vraiment un grand passionné d'automobiles. Adepte comme beaucoup de dirigeants de l'époque du « fordisme », il est surpris par le succès fulgurant de sa petite voiture, unique modèle de la marque Renault après-guerre.

Un client doit en moyenne patienter douze mois pour obtenir son véhicule, la ligne de montage ayant particulièrement souffert lors des bombardements pendant la guerre. Leur restructuration est fastidieuse et les cadences de fabrication de masse ne sont pas celles escomptées. À force d'un travail acharné, la production passe de 15 unités par jour en 1948 à 375 en 1950.

À CHACUN SA « 4 PATTES » !

Avec sa motorisation placée en porte-à-faux arrière de 760 cm^3, la 4 CV d'origine ne développe que 17 CV. En 1850, elle voit sa puissance en gagner quatre supplémentaires. Rapidement, deux niveaux de finition sont proposés (luxe et normal), tandis qu'une version encore plus luxueuse (grand luxe) est équipée d'un moteur plus puissant et d'un toit découvrable, en toile. Une édition sportive (R1063) de 32 CV participe à de nombreuses courses automobiles dont les 24 Heures du Mans. Esthétiquement, il n'y a guère d'évolution notable si ce n'est l'ajout de jantes pleines en lieu et place des jantes en tôle. Sa calandre perd ses six barrettes pour n'en conserver finalement que trois.

Si la « 4 pattes » n'est pas une voiture parfaite – mal isolée, la buée est souvent présente dans l'habitacle, les passages de roues limitent fortement l'espace pour les pieds du conducteur et du passager… –, peu importe, sa clientèle l'achète avant tout pour sa ligne originale et son rapport qualité/prix intéressant et trouve sur le catalogue Renault, d'autres modèles encore comme la 4 CV Affaires, Sport, Commerciale, Service et Découvrable.

Résistante, économique, pratique… la 4 CV a tout pour plaire !

Le 10 000ᵉ exemplaire sort de la ligne de fabrication de l'usine Hino au Japon (1958).

La 4 CV, une véritable star au Japon (affiche publicitaire Hino, 1954).

Au cœur du « baby-boom »

La première voiture française populaire attire les foules. Et ce n'est pas sa tenue de route aléatoire par vent de travers avec sa direction à crémaillère qui va stopper cet engouement.

Les Français retrouvent goût à la vie et à la liberté ainsi qu'au plaisir de fonder ou de se retrouver en famille. La « 4 pattes » est alors pour eux la voiture idéale : elle permet de loger aisément quatre personnes, de pouvoir s'évader et profiter des congés payés. Même si les salaires sont faibles, le voyage devient une nouvelle priorité et donne bientôt naissance au rite des grands départs en vacances, d'une joie de vie retrouvée.

Les ventes de 4 CV sont tellement bonnes que la Régie Renault décide de se lancer à la conquête de l'Amérique. Près de 170 000 d'entre elles vont traverser l'Atlantique. Un contrat est également passé avec le constructeur nippon Hino pour fabriquer, sous licence Renault, la 4 CV sur le territoire japonais. En Argentine, une version utilitaire apparaît.

La fin d'une idole

Jusqu'en 1961, 1 105 547 4 CV sortiront des usines. Ce succès offre à la Régie Renault une position leader en tant que constructeur de référence sur le territoire français grâce à une production en très grande série. Sa voiture « à tout faire » participe à des courses, sert d'auto-école, traverse le désert, transporte la police et les pompiers. Et même si elle n'accroche pas les 100 km/h en vitesse de pointe, elle reste à jamais ancrée dans l'histoire automobile française comme la voiture la plus attachante de son époque.

Sur les routes de l'Histoire

Plus qu'un moyen de locomotion, l'automobile a surtout une grande qualité : celle de permettre de s'échapper rapidement. C'est la raison pour laquelle elle fut rapidement adoptée par de nombreux malfaiteurs afin d'échapper aux autorités. Dans un autre registre, elle peut aussi sauver des vies ou permettre de réaliser des exploits. Facilitant les actions et facile d'utilisation, l'automobile a connu son lot d'aventures plus ou moins rocambolesques.

La bande à Bonnot

Mécanicien dans une firme automobile à Saint-Étienne et anarchiste, Jules Joseph Bonnot est plus connu dans le rôle du chef de la « bande à Bonnot », qui a sévi au début du XXe siècle.
Après quelques cambriolages, Jules Bonnot ouvre deux ateliers de mécanique à Lyon, les voitures et motos qu'il répare lui permettant de réaliser ses braquages. Et s'il est resté célèbre dans l'histoire de l'automobile, c'est parce qu'il a réalisé un des premiers braquages de l'histoire à l'aide d'une voiture (une De Dion-Bouton) en 1910, une première en France.

À cette époque, les policiers et gendarmes ne disposaient que de vélos et se retrouvèrent donc fort impuissants face à ce nouveau phénomène. Le 14 décembre 1911, Jules Bonnot vole une Delauney-Belleville, une limousine, afin d'y loger sa bande de malfaiteurs. Le 21 décembre, il pille une banque, la Société Générale. Le fait qu'il utilise une voiture lui vaut les unes de la presse où on peut lire en gros titre : « La bande en automobiles ». Ses « exploits » auront encore lieu jusqu'au 28 avril 1912, date à laquelle la bande se retrouve piégée par les autorités et leur chef tué lors de l'opération.

L'automobile utilisée par la bande à Bonnot lors de l'attaque de la Société Générale de Chantilly est minutieusement inspectée par la police (1912).

Le 8 septembre 1914, des centaines de taxis parisiens partent de la gare du Nord et prennent la direction du front de Marne.

Carte postale commémorative.

Les taxis de la Marne

Symbole d'unité et de solidarité nationale pendant la Première Guerre mondiale, la manœuvre des Taxis de la Marne a marqué la population alors que la menace allemande en 1914 se précise au nord-est de Paris, en Seine-et-Marne.

Le 6 et 7 septembre, sur ordre du général français Joseph Galliéni, environ 600 taxis parisiens sont réquisitionnés pour servir de moyens de transport aux fantassins de la 7e division d'infanterie, les lignes ferroviaires étant désorganisées autour de la capitale.

Le 8 au matin, l'état-major français est à pied d'œuvre. Les véhicules sont majoritairement des Renault AG1 Landaulet roulant à une vitesse moyenne de 25 km/h, chacun transportant cinq soldats. Entre 3000 et 5000 hommes selon les sources seront ainsi amenés sur le champ de bataille. Après avoir déposé leurs soldats, les taxis rentrent à Paris et sont payés d'après les indications portées au compteur.

Cette page de l'histoire de la bataille de la Marne est ancrée dans les annales comme un mouvement salutaire pour la liberté de la France. Même si sur le plan militaire, la contribution des taxis n'a guère été probante, il s'agit de la première application du concept d'unité motorisée.

La Traction Avant en haut de l'affiche (*le Bon et les Méchants*, film de Claude Lelouch de 1976 avec Jacques Villeret et Jacques Dutronc).

Le gang des Tractions Avant

Aussi violents qu'audacieux, ces spécialistes des attaques à mains armées circulent toujours au volant de leur Traction Avant comme un signe de reconnaissance. Leur chef, Pierre Loutrel, dit « Pierrot le fou », sillonne la région parisienne, la Côte d'Azur et la Provence avec sa bande de malfaiteurs. Ils opèrent toujours avec minutie, leurs actions sont rapides et les butins sont de plus en plus élevés. Le 7 février 1946, ils n'ont pas une, mais deux Tractions Avant pour attaquer le fourgon du Crédit Lyonnais. Leurs attaques se multiplient à tel point qu'en 1946, leur fortune s'élève à 80 millions de francs.

La même année, Pierre Loutrel décède lors d'un braquage qui tourne mal. À l'époque, celui qui est considéré comme le premier « ennemi public » français est soupçonné de onze meurtres et d'une quinzaine d'attaques, toujours avec ses fameuses Tractions Avant.

Les défis d'André Citroën

Afin de démocratiser et populariser sa marque, André Citroën a l'idée ingénieuse de réaliser une expédition. En 1923, il organise la traversée du Sahara en autochenilles pour relier l'Afrique du Nord à l'Afrique Occidentale en moins de 20 jours et apporter ainsi la preuve que l'automobile est le moyen de locomotion idéal. Au-delà de l'exploit, la portée de cette aventure motorisée est également politique, culturelle et scientifique.

Après seulement 18 mois de préparation, le départ est annoncé pour le 6 janvier 1924. Malheureusement, André Citroën se voit contraint de suspendre son projet, les autorités militaires lui annonçant un risque d'insurrection armée au Maroc.

Citroën se lance dans l'aventure avec une première traversée du Sahara (affiche de 1922).

La Croisière Noire, un projet ambitieux

Après avoir revendu ses autochenilles, André Citroën est surpris de constater que la menace annoncée s'avère en réalité inexistante. Il soupçonne alors la concurrence, et Renault en particulier, d'avoir eu recours au mensonge afin de faire annuler son projet.

Le grand patron de chez Citroën imagine alors une aventure encore plus grandiose : traverser le continent africain de part en part, une mission baptisée « la Croisière Noire ».

Soutenu par le Président de la République de l'époque, Gaston Doumergue, cette croisière a pour vocation d'établir une connexion entre les zones reculées d'Afrique. Le 28 octobre 1924, sur la ligne de départ, figurent huit autochenilles 15 HP Mors dérivées de la voiture de série, qui ne tardent pas à s'élancer sur un parcours de quelque 28 000 km.

Malgré quelques péripéties dans des zones où la végétation luxuriante gêne la progression des véhicules, l'expédition connaîtra un succès retentissant. Sur le plan politique, la réussite est totale, le convoi ayant réussi à franchir des territoires sous des juridictions radicalement différentes.

Sous l'égide d'André Citroën, cette entreprise française, résolument placée sous le signe d'un esprit colonisateur, n'en demeure pas moins la première aventure motorisée de grande envergure.

Un exploit aussi technique que sportif.

Deux participants de l'expédition à bord de leur Citroën autochenille B2 « Croisière noire », en 1924.

La 2 CV, l'immortelle

Symbole d'une époque, label français pour les étrangers, la « deudeuche » arrive en tête des clichés avec la Tour Eiffel et la baguette de pain. Aujourd'hui, le mythe est toujours vivant grâce aux 160 associations qui le perpétuent et à ces propriétaires amoureux qui se saluent quand ils se croisent, signe d'un esprit de communauté. Si la 2 CV n'est pas à la mode et ne l'a jamais été, rouler à son bord est tout simplement devenu un art de vivre.

La 2 CV 4x4 Sahara (1958), équipée de 4 roues motrices, de 2 moteurs et de 2 réservoirs, avec sa roue de secours sur le capot, fut produite à 700 exemplaires seulement.

La 2 CV s'expose sur le Salon de l'Automobile de Paris en 1948.

Le rideau se lève…

En 1934, Pierre-Jules Boulanger reprend en main le bureau d'études de la marque Citroën aux côtés des incontournables André Lefebvre, ingénieur, et Flamino Bertoni à qui l'on doit le « coup de crayon » de la célèbre Traction Avant.

Initialement conçu sous le nom de code de TPV (« Très petite voiture »), le projet va connaître 49 prototypes avant que la version retenue soit finalement présentée en octobre 1948 au Salon de Paris.

Le prototype de 1939 avec un seul phare.

Un accueil pour le moins mitigé

Lors de cette présentation, la presse automobile va s'avérer fort critique. La simplicité de cette voiture est telle que certains croient même à une supercherie ! D'autres la jugent passée de mode avec ses phares rapportés et ses suspensions trop souples. De plus, le capot étant scellé, il est impossible de voir sa motorisation. Un comble pour les professionnels du secteur ! En revanche, l'accueil du public est, lui, dithyrambique : les gens se bousculent, elle est la reine du salon !

C'est enfin une bonne nouvelle pour la direction de Citroën, car la gestation de la 2 CV fut longue et suspendue en raison de la Seconde Guerre mondiale.

Et dire que les prototypes étaient pour la plupart encore plus « simplistes » que la version finale avec un démarreur à la ficelle pour l'un ou un seul phare pour un autre... C'était sans compter avec ce salon qui va lui ouvrir les portes du succès et figer sa destinée.

En juin 1949, la fabrication de la 2 CV commence à raison de quatre véhicules seulement par jour. L'acier se faisant rare, l'État décide de privilégier la Régie nationale Renault en lui réservant la matière première indispensable.

POUR LA PETITE HISTOIRE...

Un embouteillage de charrettes paysannes en rase campagne au milieu d'un petit village serait à l'origine du phénomène. Cet incident aurait fait prendre conscience à Pierre-Jules Boulanger l'urgence de créer au plus vite une voiture à faible coût (le tiers du prix d'une Traction) qui répondrait à tous les critères suivants : un modèle simple, sans trop de confort, qui peut transporter quelques marchandises ainsi que des passagers (50 kg de pommes de terre ou un tonnelet et 4 personnes), et ce, sur n'importe quel type de terrain. Une priorité toutefois : qu'elle soit économique (l'équivalent d'une consommation de trois litres au cent) et facile d'entretien.

La 2 CV version fourgonnette (1951).

1950-1970, les années de gloire

Produite à 400 unités par jour, Citroën va ensuite proposer la 2 CV en version fourgonnette. La voici désormais « utilitaire », encore plus pratique ! Certains clients n'hésitent pas à l'acheter en double afin d'en avoir toujours une à disposition si la première venait à tomber en panne. L'année 1954 est un grand millésime pour la marque aux chevrons : 43 250 2 CV sortent de la chaîne de production. En 1963, certains de ses « organes » vont faire l'objet d'une profonde refonte : le moteur, la boîte de vitesses, la carburation, le freinage et l'embrayage, les pare-chocs et les supports de phares ainsi que les portes sont améliorés, voire changés.

Une production au compte-gouttes

Les premiers clients vont être triés sur le volet. Il faut préciser que les délais de livraison atteignent alors jusqu'à cinq ans ! Face à cette pénurie, si son prix initial est de 185 000 F, il n'est pas rare d'en trouver d'occasion à un tarif bien plus élevé, aux environs de 230 000 F !

Dans un souci permanent d'améliorations techniques, Pierre-Jules Boulanger ne va pas hésiter à inviter sa clientèle à donner ses impressions. Les remarques qui vont lui être adressées lui permettent de rectifier quelques défauts.

En 1950, la production s'accélère enfin. Les 2 CV pullulent dans l'Hexagone. À son volant, on retrouve toutes les classes sociales ; elle est la voiture préférée des petits commerçants, des médecins de campagne, des facteurs, ainsi que des curés...

Tout le monde roule en 2 CV ! (campagne publicitaire Citroën, v. 1970).

LA 2 CV fait son cinéma (ici dans *le Gendarme en ballade* de Jean Giraud, 1970).

TOUJOURS PLUS DE VERSIONS !

À partir des années 1970, les grandes séries limitées apparaissent : d'abord la 2 CV « Export », puis la « Special », la « Week End », la « Spot », la « Charleston » et enfin, la célèbre « 007 » en 1981, qui fait une apparition dans le film *Rien que pour vos yeux* avec à son volant, la « James Bond girl » Carole Bouquet.

En 1983, la 2 CV « France 3 » apparaît avec la participation du voilier du même nom à la Coupe de l'America. Elle sera suivie en 1985 de la 2 CV « Dolly » bicolore, puis par la « Cocorico » qui accompagne l'équipe de France de football à la Coupe du monde au Mexique en 1986. Enfin, l'édition « Perrier », commercialisée uniquement en Belgique et au Luxembourg en l'honneur de la mascotte emblématique de la marque d'eau minérale, clôt cette saga.

42 ans, un record d'existence

Difficile d'imaginer que cette petite automobile aurait une si longue vie : presque un demi-siècle ! Au total, 5 114 961 2 CV ont été produites, la dernière est sortie des chaînes de fabrication le 27 juillet 1990 à Mangualde, au Portugal.

La Peugeot 403, la belle économe

Le 20 avril 1955, la Peugeot 403 est présentée en grande pompe au Palais de Chaillot, au Trocadéro, à Paris. Celle qui succède à la Peugeot 203 se veut plus achalandée grâce à ses nombreuses améliorations techniques novatrices.

Au volant de sa voiture fétiche, le célèbre lieutenant Columbo (1989).

La sécurité avant tout

La Peugeot 403 dispose d'un système de pédalier entièrement suspendu ; son pare-brise bombé laisse apparaître le soin tout particulier accordé par la firme sochalienne à la sécurité passive ; son tableau de bord est rembourré pour absorber les chocs et aucune protubérance agressive ne dépasse sur les diverses poignées de l'habitacle. Sa robe est, elle, signée du grand carrossier italien Pininfarina. Si cela peut paraître quelque peu anodin de nos jours, à l'époque, il s'agit d'un réel effort du constructeur français pour sécuriser sa toute nouvelle voiture.

« MA FEMME ME DIT TOUJOURS... »

Si la 403 est devenue et demeure encore aujourd'hui célèbre, c'est un peu grâce à l'inspecteur Columbo. À l'époque, Peter Falk, l'acteur qui incarnait le fameux lieutenant, a jeté son dévolu sur ce modèle découvert par hasard sur un lieu de tournage. Cette dernière, une version cabriolet qui n'existait pas aux États-Unis, était la voiture personnelle de l'acteur français Roger Pierre, alors en voyage dans le pays. Devant l'insistance de Peter Falk, la production américaine lui proposa d'acheter la 403, qui fit sa première apparition dans le 3e opus de la série, intitulé *« le Livre témoin »*.

La 403 est le premier modèle Peugeot produit à plus d'un million d'exemplaires.

Le secret était bien gardé...

Depuis longtemps, Peugeot travaille dans un secret absolu afin de mettre au point un moteur diesel adapté à la 403, première automobile française de série à disposer de ce groupe propulseur réservé jusque-là aux poids lourds.
Dans l'inconscient collectif des spécialistes de l'automobile de l'époque, il paraît pour le moins incongru d'utiliser un moteur de ce type dans une voiture particulière. Mais la marque au lion décide de relever ce défi avec un moteur dit à « huile lourde », qui trouve ses origines dans la société Indenor, filiale de Peugeot.
Créée en 1898 sous l'impulsion d'Armand Peugeot, cette motorisation connaît de nombreuses améliorations au début des années 1950 encouragées en cela par les mesures gouvernementales détaxant fortement le diesel.
Pour expérimenter « sur le terrain » ces performances et dans le plus grand anonymat, le constructeur sochalien va équiper une vingtaine de taxis pendant deux ans.

La 403 break, la familiale par excellence !

UNE VOITURE AUX MULTIPLES FACETTES

Tout au long de ses neuf années d'existence, la 403 a tendance à prendre toutes les formes. De la berline initiale, à toit ouvrant, elle se décline en 1956 en break, en fourgonnette, en camionnette et en cabriolet. Cette voiture multitâche, d'une solidité remarquable, possède un moteur de 8 CV d'une cylindrée de 1 290 cm³ qui développe une puissance de 47 CV. La version TD5 « améliorée » de 1 500 cm³ produit, elle, 58 CV.
Dans sa version classique, dite « berline », la 403 ne pèse qu'une tonne, ce qui est relativement peu comparé à la concurrence. Ses performances sont intéressantes et sa polyvalence et son faible coût d'entretien sont autant d'atouts pour une clientèle populaire et familiale.
Ses 1 214 126 exemplaires produits font de la 403 Peugeot un très bon matricule qui s'inscrit dans les annales de l'histoire de la marque.

Le premier moteur français diesel de série

Si le moteur diesel est plus souple et consomme 20 % moins de carburant que celui à essence, en revanche, ses défauts s'avèrent nombreux : le démarrage à froid est parfois fastidieux, son bruit de fonctionnement est désagréable et ses performances sont quelconques. Ces premières impressions se confirmeront avec celles des futurs clients.
Face à ces désagréments et avant même la sortie officielle de la 403 diesel, le constructeur français préfère solliciter les fabricants de tracteurs et les compagnies de taxis pour écouler ses futurs stocks. Ces derniers vont rapidement être conquis par les avantages du moteur Indenor. En effet, pour un investissement supplémentaire de l'ordre de 280 000 F, l'économie annuelle est de 600 000 F à la condition cependant d'effectuer un certain nombre de kilomètres. En décembre 1959, sur les 12 000 taxis en circulation à Paris, 2 500 sont des 403 diesel. Et si les ventes restent faibles à destination du grand public, Peugeot ne baisse pas les bras pour autant et mène de front d'autres projets qui ne vont pas tarder à se réaliser...

À l'origine était la Formule 1...

À ses débuts, au XIXe siècle, l'automobile était l'œuvre de génies et d'inventeurs audacieux. En effet, ces nouveaux engins effraient alors plus qu'ils n'attirent : la voiture est bruyante, son pilotage paraît compliqué et de ce fait, semble réservé à ces pionniers de plus en plus rapides qui n'hésitent pas à braver le danger.

Seizième année. — N° 800.

Le Petit Parisien

SUPPLÉMENT LITTÉRAIRE ILLUSTRÉ

DIRECTION: 18, rue d'Enghien (10e). PARIS

TOUS LES JOURS
Le Petit Parisien
(Six pages)
5 centimes
CHAQUE SEMAINE
LE SUPPLÉMENT LITTÉRAIRE
5 centimes

COUPE GORDON-BENNETT
Les Éliminatoires Françaises. — Le Vainqueur Théry en pleine Vitesse

L'ancêtre des futurs Grands Prix, la coupe Gordon-Bennett (édition de 1904).

La Panhard-Levassor biplace Sport X49 (1932).

La construction d'une légende

Dans l'inconscient collectif de l'époque, l'automobile s'inscrit plus comme un sport et ne sera que bien plus tard considérée comme un moyen de locomotion. La compétition va alors devenir tout naturellement l'un de ses modes d'expression. Synonyme de fiabilité, de modernité, la course offre un véritable banc d'essai pour les constructeurs qui leur permet de mettre à l'épreuve leurs avancées technologiques. L'ambiance des premières rencontres est chevaleresque, grandiose ; les premiers pilotes y sont ovationnés, respectés. Vitrine moderne de l'essor automobile, la course préfigure les grands rallyes du siècle suivant et les premières compétitions sur circuit.

La Bugatti biplace Course type 32 (1923).

La France, pionnière en la matière

Fondé en 1895 par le comte de Dion, l'Automobile Club de France a joué un rôle prépondérant dans le développement de la course automobile sur le plan national et international. Les premières compétitions organisées partent alors pour la plupart de Paris à destination d'une autre ville de France ou d'Europe et se déroulent sur routes fermées. Les voitures portent les couleurs de leur pays, hormis l'Allemagne et ses célèbres « flèches d'argent » dont l'origine remonte à 1934, lorsque les trop lourdes Mercedes W25, initialement blanches, ont été poncées, laissant apparaître l'acier nu, ceci afin de respecter le poids maximal autorisé pour prendre le départ.

À partir de 1924, les organisations d'épreuves sportives s'internationalisent avec le développement d'une structure adaptée, l'Association internationale des automobiles clubs reconnus (AIACR), qui multiplie les manifestations. La domination est alors exclusivement française, représentée par les Bugatti, Delahaye ou encore les Delage. Bientôt, les mécaniciens de bord deviennent superflus et les premières monoplaces apparaissent sur les circuits.

La Serpollet biplace Course type H (1902).

La Formule 1, l'épreuve reine...

Pensé dans les années 1930, le projet initial d'un championnat des pilotes de Formule 1 est interrompu par la Seconde Guerre mondiale. Cette initiative renaît en 1946 et se concrétise en 1950 avec l'officialisation du championnat du monde des pilotes. La même année, la première course se déroule en Grande-Bretagne sur le célébrissime circuit de Silverstone, les autres épreuves se disputant soit sur routes fermées, soit sur circuits.
À cette époque, de nombreux pilotes s'inscrivent individuellement pour la grande aventure de la Formule 1. Ils achètent et pilotent eux-mêmes leurs propres prototypes. Certains constructeurs vont ensuite jeter leur dévolu sur ce championnat novateur, comme Alfa Roméo et son pilote de pointe, idole de toutes les générations, l'Italien Juan Manuel Fangio, cinq fois champion du monde.

La grille de départ du Grand Prix d'Albi en 1949.

... malgré des débuts difficiles

Cependant, le nombre d'inscrits est faible, les coûts financiers sont importants et la prise de risque est maximale du fait de la surpuissance des moteurs alors dotés d'un turbo pour une cylindrée d'1,5 l ou en version atmosphérique de 4,5 l.
En 1954, de nouvelles règles sont imposées. Les moteurs sont limités à 2,5 l.
En 1955, Mercedes-Benz, l'un des constructeurs majeurs, se retire après l'accident provoquant la mort de 82 personnes aux 24 Heures du Mans. Trois ans plus tard, dans l'espoir d'un regain d'intérêt, le championnat des constructeurs seconde celui des pilotes.
En 1961, une monoplace innovante dotée d'un moteur arrière, la Cooper, arrive sur les circuits et va voir sa configuration rapidement adoptée par tous les constructeurs.

La Jordan-Peugeot 196 (1996).

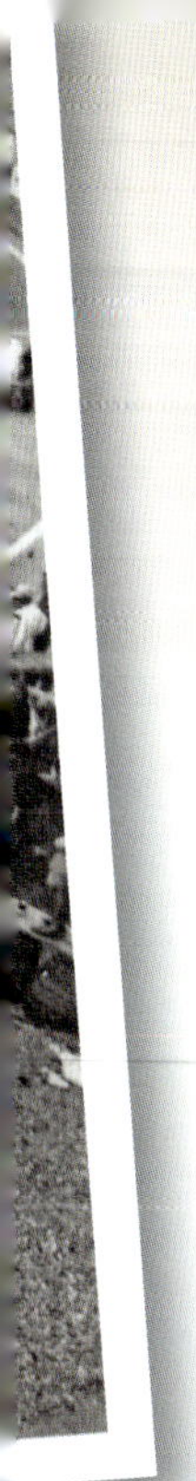

Le sponsoring entre dans la danse

Les années 1970 vont définitivement sonner le glas des infrastructures privées. Les budgets sont démultipliés, la technologie passive est en retrait tandis que les moteurs turbo sont privilégiés pour leur vitesse de pointe et leur rendement. Les pilotes sont quant à eux considérés à juste titre comme des légendes vivantes aux exploits retentissants. Preuve en est en 1976 lorsque Niki Lauda réintègre le baquet de sa monoplace six semaines seulement après un très grave accident au cours duquel il a frôlé la mort. Malgré de terribles brûlures, il reprend sa place sur la piste et retrouve James Hunt sur la ligne de départ.
D'autres n'auront pas cette chance, comme le pilote français François Cevert, surnommé « le Prince », qui décède le 6 octobre 1973, lors du grand prix des États-Unis, pendant les essais qualificatifs. L'histoire retiendra également des duels au sommet, tels ceux de Prost et de Senna, ou encore les exploits d'un Michael Schumacher, fort de ses sept titres mondiaux. Si l'on peut aujourd'hui regretter que ce championnat ait perdu son aura d'antan pour les puristes, il n'en demeure pas moins une référence et suscite toujours un fort intérêt du public.

La Renault-Elf RE40, la voiture d'Alain Prost (1983).

UNE HISTOIRE DE BRITANNIQUES

De 1962 à 1973, pas moins de neuf titres mondiaux sont décernés aux grands pilotes que sont entre autres Jim Clark, Jackie Stewart, John Surtees (le seul à être aussi devenu Champion du monde de moto), Jack Brabham, Graham Hill et Denis Hulme.

Niki Lauda, le miraculé, sur le Grand Prix de Monza en Italie (1974).

La Citroën DS, la déesse de la route

Salon de l'automobile, Paris, 1955. Citroën dévoile la DS, une voiture au design révolutionnaire qui rompt avec tous les canons esthétiques alors en vigueur. Si le public est rapidement conquis par son originalité, la concurrence, elle, a des raisons de s'inquiéter car cette « déesse » offre des arguments technologiques encore jamais observés, comme sa suspension hydropneumatique, l'un de ses meilleurs atouts. Cette voiture, qui semble surgir d'une lointaine galaxie, va devenir une légende.

En route vers le futur !

Si le « D » de la DS vient probablement de l'appellation du moteur, fleuron de la gamme Citroën, le « S » aurait, lui, été ajouté pour former le mot « déesse ». À l'image des créations de mode haute couture, la déesse se veut anticonformiste. Sa robe, elle la doit au coup de crayon de l'Italien Flaminio Bertoni et du Français André Lefebvre, ingénieur issu de l'aéronautique.

La DS 23, un chef-d'œuvre de technologie.

La DS affiche son innovation et sa distinction.

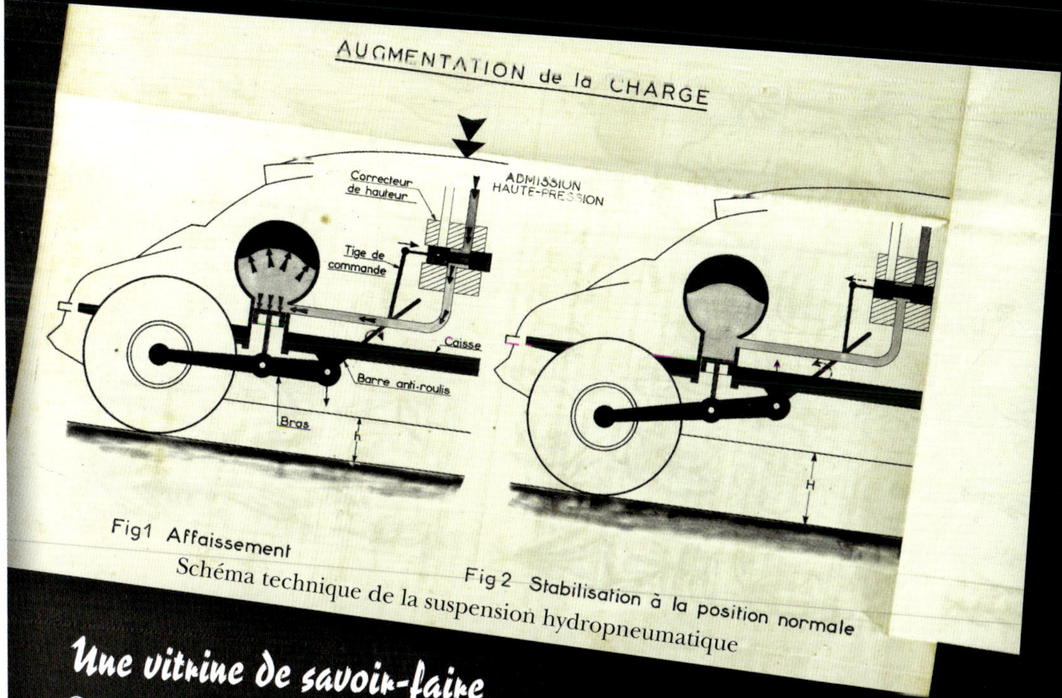

Schéma technique de la suspension hydropneumatique

Une vitrine de savoir-faire

Outre ses courbes d'une originalité sans pareille, la « belle » cache des arguments convaincants sous sa carrosserie, et notamment une suspension hydropneumatique, dont le brevet a été déposé par Citroën. Ce système à haute pression dans le circuit hydraulique permet d'assurer à la voiture une hauteur constante au-dessus du sol afin de gommer les irrégularités de la route. La DS se transforme en un véritable canapé sur roues qui fait le bonheur de tous les conducteurs, surtout sur longue distance, et la joie peu commune des enfants, qui, assis à l'arrière de la voiture, la voient se lever de quelques centimètres dès la mise en route.

Ce système de haute pression aidant, une multitude de fonctionnalités agrémente la DS telle sa célèbre direction assistée ou encore son freinage indépendant pour les roues avants et arrières, l'hydraulique assurant également la fonctionnalité de la boîte de vitesses semi-automatique couplée à la commande d'embrayage. Ajoutez à cela des freins à disques à l'avant et comble de la sécurité, un volant de direction monobras pour éviter de se briser la cage thoracique en cas de choc frontal violent.

Au Salon de l'Automobile de 1955, la DS crée l'événement.

La DS 23 Break, l'alliance du confort et de la puissance (1974).

Une « ID » qui a fait ses preuves

La base moteur de la DS est alors bien connue. Il s'agit d'un modèle éprouvé, le moteur « D » de la dernière version de la traction avant. En 1956, Citroën lance la production de l'ID, une version simplifiée de sa DS avec un embrayage classique et une boîte manuelle afin d'accroître ses ventes et populariser son best-seller. Au fil du temps, sa cylindrée ne cessera d'augmenter, passant de la DS 19 à la DS 23. En 1969, l'injection apparaît avec la DS 21, capable d'emmener ses occupants à la vitesse folle de 188 km/h sur circuit. Un seul petit désagrément : le fameux mal de mer caractéristique à l'époque.

LA DÉESSE ET LE 7e ART

Qui ne fut pas surpris de voir Jean Marais, alias Fantômas, s'envoler dans sa DS pour échapper au piètre commissaire Juve (Louis De Funès) dans *Fantômas se déchaîne* tourné en 1964 ? Déjà, un an auparavant, le même modèle partait en fumée dans l'épilogue des *Tontons Flingueurs*.

En 1967, Alain Delon la choisit comme partenaire dans *le Samouraï*. Puis en 1973, elle fait une apparition remarquée dans *les Valseuses* – ou comment voler une DS en enlevant l'aile arrière avec une clef de 19 ! Sur la toile, la DS compte plus de 50 participations à des superproductions en France comme à l'étranger.

À Hollywood, elle se retrouve fréquemment sur les plateaux de tournage, comme sur celui de *Retour vers le futur* où elle est « maquillée » en taxi.

L'ID 19, une grande routière toujours avec une longueur d'avance (1957).

La police relève les impacts de balles sur la voiture du général de Gaulle après l'attentat.

AU CŒUR DE L'ATTENTAT DU PETIT CLAMART

Le 22 août 1962, le général de Gaulle et sa femme échappent de peu à la mort.
Sur les 150 balles tirées par un commando de partisans de l'Algérie française, une vingtaine touche la DS 19 présidentielle sur les roues, certaines traversant même l'habitacle et frôlant le président.
Ce « moment d'histoire », restauré par Citroën, a ensuite pris le chemin de la Chine Populaire, prêté par la fondation Charles de Gaulle pour fêter le cinquantenaire de l'établissement des relations diplomatiques entre la France et l'Empire du milieu. Tout un symbole !

Au Panthéon de l'automobile

Aucune autre voiture ne ressemble à la DS. Elle deviendra pourtant au fil des ans une voiture populaire, symbole même d'une génération, qui trouve parmi ses nombreux et célèbres admirateurs, un certain Charles de Gaulle.
En vingt ans d'existence, 1 455 746 DS ont vu le jour, le marché français cumulant jusqu'à 1 330 755 exemplaires.

Le général de Gaulle, en visite officielle à Limoux (Aude), à bord de sa DS décapotable (1960).

La Dauphine Renault, la star des sixties !

Imaginée pour élargir la gamme, la Dauphine représente un réel enjeu pour Renault, dont le doux rêve est d'égaler le succès populaire de la brillante 4 CV. Certes, le défi est de taille, mais la marque au losange va faire preuve d'ingéniosité avec une politique de communication originale avant le lancement de la Dauphine au Salon de l'automobile, le 6 mars 1956, au Palais de Chaillot à Paris, devant plus de 20 000 personnes.

Dans le plus grand secret

Deux mois avant sa présentation officielle, Robert Sico, le responsable du service des relations extérieures, prépare en secret la campagne d'essais réservée aux journalistes de la presse française et étrangère. Six Dauphines sont envoyées par bateau en Corse, à Ajaccio. Le contrat entre Renault et la presse est unique en son genre : les journalistes doivent s'engager à ne rien publier avant la date du 1er mars. Le constructeur profite de la situation pour prendre quelques clichés officiels de la voiture en action devant des journalistes littéralement conquis par la petite Dauphine, très agile sur les routes sinueuses.

Lors de la présentation à Paris, la presse ne tarit pas d'éloges sur la nouvelle voiture populaire de la Régie. Et dans la foulée, les concessionnaires reçoivent les fameuses photographies prises lors des essais sous forme de cartes postales pour promouvoir cette nouvelle voiture familiale.

La Dauphine, une vedette qui a tout d'une reine.

Une Française à la conquête des États-Unis

En 1957, le succès commercial de la Dauphine est considérable. Elle représente à elle seule les deux tiers des ventes des 270 000 véhicules construits par Renault. Vendue 554 000 F, elle offre deux options bien distinctes : un toit ouvrant (20 000 F) ou un embrayage Ferlec plus performant (30 000 F).

L'une des ambitions de la direction de Renault est de conquérir le marché américain. Le challenge est à la taille du pays à la bannière étoilée. Une opération séduction est donc lancée : la Dauphine est adaptée, des pièces chromées sont ajoutées, elle reçoit des pneumatiques ornés de flancs blancs et devient aussi clinquante qu'une Cadillac avec ses sièges en skaï rouge. Cependant, l'accueil des Américains pour cette petite voiture ne sera pas à la hauteur des géantes Cadillac. Un certain nombre de Dauphine américanisées feront donc l'objet d'un billet aller-retour et seront ensuite soldées en France. Un échec cuisant pour Renault qui doit renoncer à son objectif de concurrencer la Coccinelle, alors très en vogue aux États-Unis.

La version dérivée coupé, la Floride (1961).

La Dauphine vue du dessus (dessin technique écorché, 1956).

ersion cabriolet, la Caravelle (1962).

Entre les mains du « sorcier »

Amédée Gordini, surnommé « le Sorcier », est un préparateur hautement réputé dans le milieu de la compétition automobile. Ayant collaboré avec les constructeurs Simca et Fiat, Pierre Dreyfus, le patron de la régie Renault, le contacte pour travailler sur une version plus sportive de la Dauphine. Ce sera le début d'une longue alliance qui débouchera vers d'autres séries limitées, des voitures uniques reconnaissables à leur robe bleue, symbole de performance aux yeux des connaisseurs.

Lorsque Gordini jette son dévolu sur la Dauphine, il en sort la type R1091 en 1957, un nom de code qui en dit long sur la vocation sportive de ce petit bolide. La puissance de cette première Gordini est de 37 CV et sa vitesse de pointe est de l'ordre de 126 km/h grâce à une nouvelle culasse, à l'augmentation du taux de compression, ainsi qu'à l'utilisation d'un carburateur de plus grand diamètre. La boîte de vitesses gagne un rapport et la caisse, légèrement rabaissée, améliore la tenue de route. Fin 1961, une version plus puissante (la R1093) sera disponible. Capable d'atteindre la vitesse maximale de 140 km/h et équipée d'un carburateur double corps, elle ne porte cependant pas l'appellation « Gordini ».

UN « PETIT MONSTRE » DE COMPÉTITION

Pendant une trentaine d'années, la Dauphine sera l'une des voitures les plus utilisées en compétition. De conception simple, son moteur est facilement modifiable, sa forme (dessinée par le carrossier italien Ghia) est idéale pour les rallyes et son poids de 630 kg est un atout. Les meilleurs préparateurs ont réussi à extirper 80 CV du 4 cylindres de cette petite familiale capable de foncer à plus de 180 km/h. Son palmarès est éloquent. La Dauphine Gordini figure en haut du classement et réalise notamment un doublé historique en matière de rallye, une victoire au Monte-Carlo puis au Tour de Corse en 1958, avec l'équipage Féret-Monraisse. Elle gagne encore à deux reprises sur l'Île de Beauté et devient entre autres Championne de France en 1962 entre les mains du pilote Bernard Consten.

Quelques versions et puis s'en va...

Tout au long de sa carrière, la Dauphine s'est déclinée en quatre versions. La plus luxueuse est la Ondine de 1961 dotée d'une moquette, d'un tableau de bord noir mat et de quelques améliorations supplémentaires que l'on retrouve ensuite sur toute la gamme. Vient ensuite la version sportive préparée par Gordini, puis un coupé et un cabriolet respectivement prénommés « Floride » et « Caravelle », qui rencontrent un succès indéniable. La dernière Dauphine mise en vente en 1966 est la Gordini (R1095). La production sera stoppée en décembre 1967 après 2 150 738 unités et dix ans d'une carrière exemplaire. La Dauphine tire alors sa révérence et s'éclipse au profit de la non moins célèbre Renault 8.

La Peugeot 404, belle et robuste

En avril 1960, une élégante Peugeot aux formes rectilignes est présentée à la presse : la 404. Sa couleur, un « Rouge Tango » flamboyant et inhabituel, ne passe pas inaperçue, la firme sochalienne étant bien connue (voire critiquée) pour son conservatisme. Il faut dire que la concurrence se fait rude avec la DS de Citroën, dotée d'une ligne et de solutions techniques avant-gardistes.

Dans l'air du temps

Chez Peugeot, on fait grise mine devant l'insolente réussite de la DS et ce n'est pas la rondelette 403 qui va permettre à Peugeot de redorer son blason. La 404 se veut donc plus moderne. Sa silhouette anguleuse et ses ailes arrières effilées sont signées Pininfarina, le célèbre carrossier italien. Les ingénieurs des bureaux d'études n'ont, eux, rien envisagé de révolutionnaire et ont donné la priorité à la robustesse pour répondre aux attentes de leur fidèle clientèle. Ce positionnement commercial choisi par le directoire de chez Peugeot la classe aujourd'hui parmi les grands classiques de l'automobile. La 404 est tout sauf banale, ses feux arrières en forme d'enseigne de bureau de tabac n'ont pas pris une ride et rares sont les voitures françaises de cette époque à conserver autant de capital sympathie.

La première berline française de série à injection

Quand la 404 souffle sa première bougie sur le marché français, elle peut se vanter de son succès commercial indéniable. Quatre mois après sa sortie, début septembre 1960, 10 000 exemplaires ont d'ores et déjà trouvé preneur à 9 150 F l'unité. En 1961, une version plus luxueuse, avec une sellerie en cuir, l'embourgeoise pour un tarif proche de 11 000 F. Le moteur est un solide quatre cylindres incliné à 45° afin d'avoir un capot plongeant sur l'avant, seule concession technique pour que « la belle » respecte les codes de la mode automobile. Alimentée par un carburateur, la 404 délivre 72 CV. Son seul défaut : son appétit, qui est montré du doigt.
En 1963, l'adjonction de l'injection permet de réduire la consommation, mais surtout de gagner de précieux chevaux, 96 au total. Dès lors, elle peut monopoliser la voie de gauche réservée aux dépassements sur l'autoroute et supplante en performances sa grande et lourde rivale, la DS. En plus de sa berline, Peugeot décline ensuite sa gamme utilitaire avec un break et une camionnette équipés d'un moteur diesel Indenor, qui va faire le bonheur des chauffeurs de taxi et autres livreurs. Ces millésimes ne resteront pourtant pas dans les annales, du fait des freins qui sont restés à tambours sans être assistés.

La 404, la principale rivale de la DS.

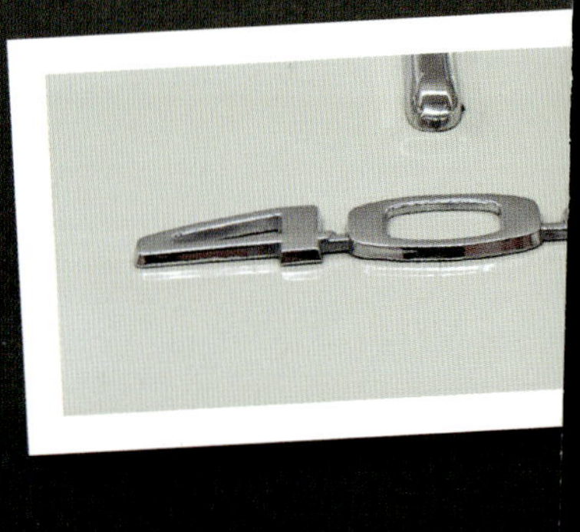

Une trappe à essence pour le moins originale.

« La lionne de Sochaux »

La 404 ne souffrira d'aucune mauvaise réputation tout au long de sa longue carrière. Grâce au sérieux de sa fabrication, sa fiabilité, son confort, ses performances en termes de records, ou encore ses victoires sur de nombreux rallyes africains (dont quatre succès à l'East African Safari de 1963 à 1968), elle mérite bien son surnom de « lionne de Sochaux ».

Produite à près de 2,9 millions d'exemplaires jusqu'en 1988, elle figure en bonne place au palmarès des réussites de l'histoire de la production automobile française.

Confort et équipement sont au menu de la 404.

Le Coupé 404, une ligne sobre toute en élégance (publicité de 1968).

Les garnitures intérieures du Coupé 404 sont réalisées en drap de luxe aux coloris assortis avec la teinte de carrosserie.

Sur demande, avec certaines teintes, les garnitures peuvent être livrées en simili-cuir noir.

Les sièges AV séparés, larges et confortables, sont réglables en position avec inclinaison variable des dossiers. L'accès de la vaste banquette arrière est rendu aisé par les larges portes et les dossiers basculants des sièges AV. L'accoudoi central est escamotable et contient un cendrier.

Les 404 coupé et cabriolet

Depuis la 403, Peugeot travaille la réalisation de ses carrosseries en étroite collaboration avec l'entreprise Pininfarina, installée dans la banlieue de Turin. Depuis la Seconde Guerre Mondiale, l'Italie est devenue le fief du design automobile grâce à deux maîtres en la matière : Pininfarina, qui défend un classicisme très en vogue chez les constructeurs généralistes, et Bertone, qui excelle dans les réalisations les plus extravagantes.

En 1956, suivant les premières maquettes de la berline 404, les bureaux d'études Peugeot réalisent conjointement avec Pininfarina le futur dessin, abandonnant la jupe arrière recouverte d'aluminium strié pour un élément plus conventionnel. La version cabriolet est présentée au salon de Paris en octobre 1961 et le coupé un an plus tard.

Contrairement à la berline, l'atelier italien va intégralement s'occuper de la conception de ces modèles. Le résultat final est somptueux : les lignes sont fluides et proportionnées. Seule ombre au tableau, elles ressemblent étrangement à la production transalpine des Fiat 1 200/1 500 cabriolet du même carrossier. Il est vrai qu'à cette époque, il était de coutume qu'un atelier de design vende ses dessins à plusieurs entreprises concurrentes – ce qui explique pourquoi les Austin Morris Oxford et Cambridge du même Pininfarina ont la même silhouette que la 404.

Si le cabriolet rencontre instantanément un vif succès, avec sa ligne de toit classique, le coupé est moins dans l'air du temps. Ces deux modèles, disponibles avec deux motorisations, 72 CV à carburateur ou 85 CV à injection, restent très prisés des collectionneurs.

La 404 diesel cabriolet monoplace a réalisé des performances incroyables.

UNE 404 CABRIOLET QUI COLLECTIONNE LES RECORDS

Par définition, un cabriolet est une automobile dans laquelle on se laisse aller à rouler à un rythme de sénateur, cheveux au vent, au doux refrain d'une musique soigneusement choisie pour le trajet ! C'est pourtant à partir de ce modèle que Peugeot va décider de réaliser un prototype monoplace destiné à battre une quantité phénoménale de records. Avec son allure profilée futuriste, on le croirait sorti d'une bande dessinée. Une fois installé un moteur diesel dans ses entrailles, le voilà parti pour dix jours (du 4 au 14 juin 1965) sur le circuit de Monthléry enchaîner les performances et accumuler 40 records. Ce prototype va notamment parcourir 3 878 km en 24 heures à la vitesse moyenne de 161,590 km/h. Ce modèle unique est encore aujourd'hui conservé au musée de l'Aventure Peugeot à Sochaux.

La 404, l'alliance du charme et de la fiabilité (publicité Peugeot de 1966).

La Renault 4 : toujours prête !

Avec ses rondeurs caractéristiques, la 4L est la deuxième voiture française la plus vendue de tous les temps après la Peugeot 206 avec 8 millions d'exemplaires de 1961 à 1992. Elle est également la première traction avant (de tourisme) à sortir des usines de Renault-Billancourt et de Flins, avant de voguer vers d'autres lieux de fabrication situés en Argentine, en Colombie et en Slovénie.

Le projet 350

Afin de remplacer la vieillissante 4 CV et concurrencer la célèbre 2 CV de Citroën, Pierre Dreyfus (le président-directeur général de Renault) décide de lancer sur le marché en pleine expansion de la voiture citadine et populaire un concept qu'il surnomme « Blue-Jean ».

Son idée consiste à créer une voiture à l'image du vêtement américain, que l'on peut utiliser tous les jours en toutes circonstances, de manière décontractée, que l'on peut emmener partout, et surtout d'une solidité à toutes épreuves.

Le nom de code de ce projet destiné au lancement de plusieurs prototypes n'est autre que le prix de lancement désiré par Pierre Dreyfus : 350 000 de nos anciens francs. C'est la première priorité du cahier des charges de la 4L avant le choix de sa motorisation qui sera testée pendant cinq ans à partir de 1956. La petite Renault va partir sillonner les routes du monde, des États-Unis en passant par la Suède, sans oublier l'Afrique, dans des conditions extrêmes pour entériner des choix mécaniques, et notamment celui, prioritaire, qui concerne le moteur à 2 ou 4 cylindres, refroidi par eau ou par air.

Quand le châssis rencontre la carrosserie… (1961)

Ses deux qualités indéniables : la polyvalence et la fiabilité.

LES PARISIENNES AU VOLANT !

En 1963, Renault ambitionne de vendre sa 4L aux femmes. Une association avec le magazine de mode *Elle* et le groupe tendance yé-yé *Les Parisiennes* donne naissance à la 4L parisienne, qui se veut chic, glamour et BCBG. Une opération commerciale, appelée « Elle prend le volant », est lancée. 4 000 lectrices du magazine féminin essayent ce modèle pourvu de sièges avec des motifs écossais et des flancs couleur « paille ». Le succès est à ce point retentissant que cette 4L très en vogue sera finalement produite en série jusqu'en 1968 – un joli pied de nez à tous ces détracteurs qui jugeaient encore la petite Renault comme un échec du point de vue esthétique.

Un classique : le levier de vitesse sur le tableau de bord.

Un modèle qui ne laisse pas indifférent

Esthétiquement, la Renault 4 va être la cible de féroces critiques de la presse qui la considère comme une petite camionnette taillée à coups de serpe et « haute sur pattes ». L'avis des commerciaux se range au diapason des journalistes : « Cette voiture ne se vendra jamais ».
Avant sa première mondiale, la 4L est présentée à ses distributeurs. Là aussi, la nouvelle petite Renault fait l'unanimité contre elle.
Ignorant le tollé général, la direction du premier constructeur français mise malgré tout sur son avenir. Sa présentation officielle a lieu pendant l'été 1961 au 48e Salon de l'Automobile lors duquel 200 R3 et R4 sont prêtées au public pour des séances de prise en main.
Peu importe que les journalistes ne se soient pas déplacés en masse, pourvu que la 4L soit sur les chaines de montage de l'île Seguin début septembre de la même année.

Publicité de la Régie en 1961.

Les quatre premières déclinaisons

R3, R4, R4 L, fourgonnette... Les quatre versions de la petite Renault s'étoffent pour répondre aux besoins de toutes les classes sociales. La R3, le modèle le plus économique doté d'un moteur de 603 cm³, disparaît un an après et quelque 2 500 exemplaires produits. Il est aujourd'hui le modèle le plus prisé des collectionneurs. Après quelques défauts de jeunesse vite corrigés, la R4 acquiert une solide réputation.
Les journalistes reconnaissent enfin ses qualités routières et tout chemin, qui la rendent pratique en toutes circonstances, ainsi que son système de refroidissement à circuit fermé, qui est un réel progrès technique. L'absence de graisseurs et l'allongement d'intervalle entre les entretiens complètent le tableau et sont autant de signes de simplicité dans son usage quotidien.
La fourgonnette F4 reçoit, elle, un accueil particulier de la part de tous les commerçants. Elle devient le véhicule emblématique de la Poste avec sa robe jaune et son oiseau bleu foncé en logo. La Police choisit, quant à elle, la 4L classique, la seule voiture où il est possible de conduire avec un képi sur la tête !
La R4 L, une déclinaison plus luxueuse, reçoit une troisième vitre latérale, différents accessoires et des baguettes en inox. Ce modèle sera le plus vendu de la gamme, à tel point que l'appellation générique de la Renault 4 est tout naturellement devenue « 4L ».

En haut de l'affiche

La réussite de la 4L est historique. De 1962 à 1965, puis de 1967 à 1968, elle figure en tête des ventes et traverse les époques sans subir de changements fondamentaux.

En 1978, la Renault 4 GTL surfe sur la vague du succès. Avec une vitesse maximale de 121 km/h, cette version est la plus puissante jamais proposée avec 34 CV sous le capot grâce au moteur issu de la Renault 6 et à la transmission de la Renault 5 GTL. De nombreuses améliorations esthétiques sont apportées et un intérieur modulable en couchette est aménagé. La 4L franchit le cap des 5 millions d'exemplaires.

En 1981, la série Jogging, conçue à partir d'une Renault 4 GTL, fut distribuée à quelque 5 000 exemplaires.

Profil en plongée de la Renault 4 Export (1964).

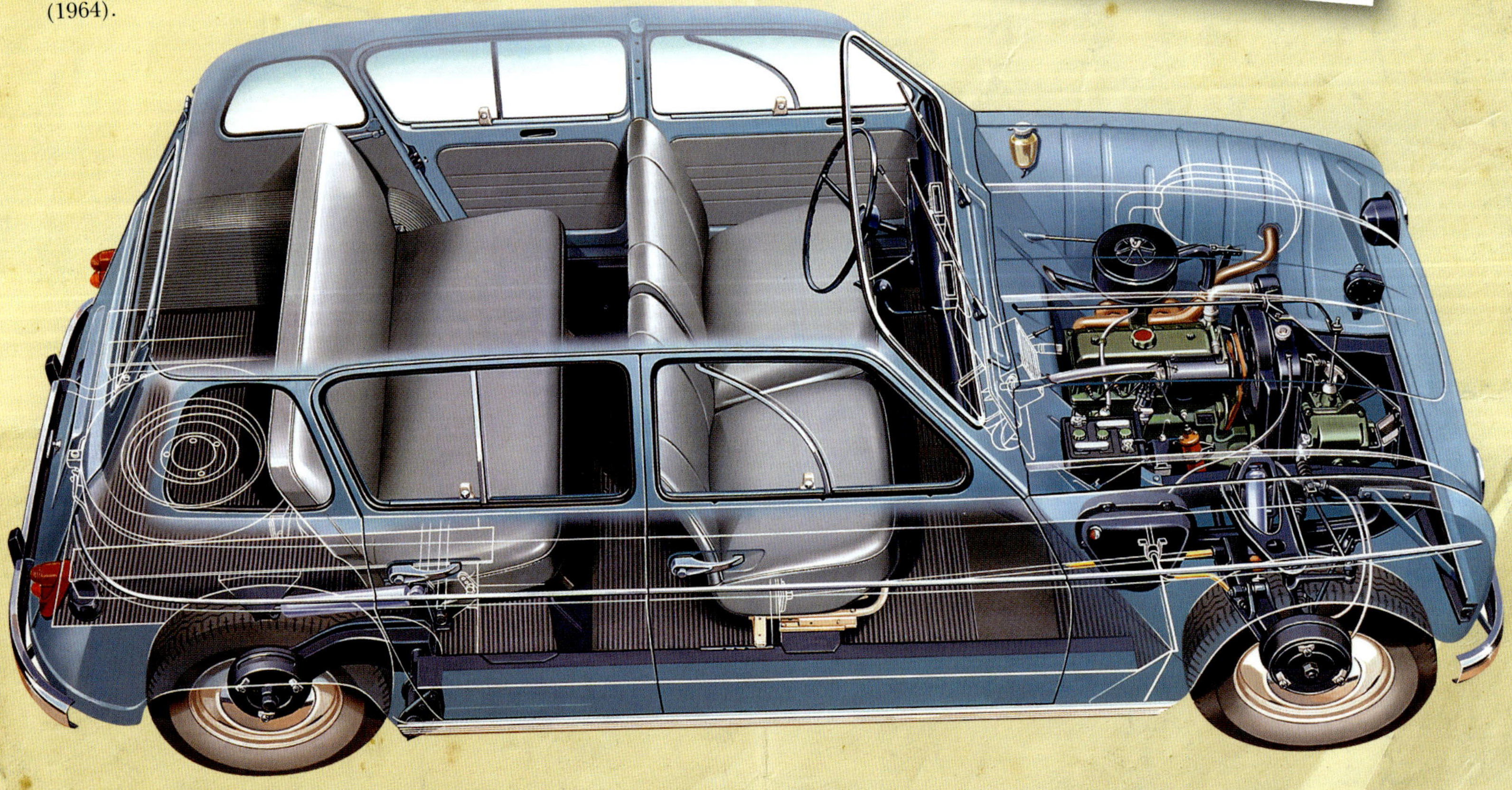

En 1976, la 4L Safari affiche des airs de baroudeuse.

LA STAR DU PARIS-DAKAR

Claude et Bernard Marreau, frères de sang, forment une paire remarquable. Au volant de leur 4L de leur invention améliorée avec un moteur de R5 Alpine, ils partent affronter les déserts et les dunes de Mauritanie, du Sahara et du Niger. Entre 1979 et 1980, ils finissent 5e et 3e au nez et à la barbe des constructeurs officiels et écrivent à leur façon une page de l'histoire de la 4L.
Dans un domaine identique, le flambeau est repris avec le « 4L Trophy » en 1998, un rallye humanitaire ouvert aux étudiants qui prend la forme d'une course d'orientation où la 4L est privilégiée pour sa robustesse et son faible coût.

Ce n'est qu'un au revoir…

Dans les années 1980, la Renault 4 est rapidement détrônée par sa nouvelle petite sœur, la Renault 5. La version limitée baptisée « Clan » est la dernière produite en 1992.

Après 31 ans d'existence, les mille dernières unités portent sur le tableau de bord une plaque avec l'inscription « Bye-Bye », un au revoir officiel. Pour autant, et heureusement, la 4L n'en finit pas de rouler encore sous nos yeux pour notre plus grand plaisir.

Publicité de 1970.

La Renault 16, la voiture à vivre

Une familiale au style original.

Hasard ou coïncidence, la Renault 16 est apparue dans le paysage français automobile en même temps que les supermarchés, à l'époque phare de la société de consommation, à l'aube des années 1970. En effet, cette berline dite « bourgeoise » peut stocker dans son coffre un maximum de courses et s'avère aussi pratique que confortable. Difficile aujourd'hui de la considérer comme une voiture de collection tant ses caractéristiques paraissent actuelles…

Voiture de l'année en 1966

Première berline à disposer d'un hayon, la Renault 16 arrive à point nommé dans la gamme du constructeur français car, depuis la Frégate en 1960, son catalogue ne comptait plus de voiture spacieuse. La nouvelle venue se distingue également par son levier de vitesses placé à proximité du volant. Bref, la voiture idéale, pourvu que ses occupants aient les cheveux longs et des idées d'évasion en ces temps prospères.

Une ligne qui en jette

Lors de sa présentation au Salon de Genève, en 1965, ses caractéristiques techniques ne soulèvent pas d'émoi particulier. Seule sa ligne, que l'on doit aux stylistes Gaston Juchet et Philippe Charbonneaux, surprend agréablement la presse et le public. Cette voiture moyenne s'avère décidément fort sympathique avec ses « yeux » grands ouverts, qui soulignent sa calandre avant chromée, et ses « yeux » en amande, qui se profilent sur sa malle arrière, ainsi que par son ciel de toit, qui comprend des lignes profilées. À mi-chemin entre la berline et le break, elle fait saliver ses futurs acquéreurs. Sa commercialisation est prévue avec un moteur 1 600 cm³ dans sa version TS. Non seulement la R16 a du bagout, mais elle affiche également du répondant.

Publicité de 1970.

Publicité pour la R16 TS, offrant un moteur inédit et de nouvelles prestations (1969).

Le « best-seller » des seventies

Dans un souci constant du détail, la R16 facilite la vie quotidienne. À l'image du réfrigérateur, la lumière s'allume dès que le hayon est ouvert, ses feux arrières évoluent, ils s'agrandissent et deviennent rectangulaires en 1971. La dernière version, la Renault 16TX, se voit attribuer un moteur de 93 CV, le plus puissant jamais imaginé pour ce modèle.

Ses options pléthoriques n'ont rien d'ostentatoire : des lève-vitres électriques à l'avant, un volant un tantinet sport… Mais elle se distingue surtout comme la première voiture française à offrir une condamnation électromagnétique centralisée des portes. D'un simple geste avec la clé sur une serrure, toutes les portes se ferment.

Extérieurement, elle s'affirme avec ses quatre projecteurs carrés à iode encastrés dans la calandre et ses roues type Gordini. Enfin, son aileron arrière lui fait gagner quelques précieux km/h avec sa boîte à 5 vitesses. Jusqu'en 1980, son succès est retentissant et les millésimes TS et TX deviennent les fers de lance d'une production totale de 1 845 959 Renault 16. En 2015, elle fête ses cinquante bougies, un bel anniversaire pour une berline pas si âgée qu'il n'y paraît.

Quand le ramage se rapporte au plumage…

Sous la robe de la R16 se cachent des solutions techniques dignes de son statut de berline. Son concepteur, Yves Georges, lui a greffé des barres de torsion longitudinales à l'avant et transversales à l'arrière, des roues indépendantes et un bloc-moteur en aluminium encore rarissime à l'époque. Malgré son empattement asymétrique et un freinage assez perfectible, sa tenue de route est semblable à celle de ses rivales. En mars 1968, la TS est disponible. Cette R16 survitaminée a tout pour faire taire les mauvaises langues et les quolibets récurrents de « bétaillère » ou « d'aquarium ».

Dans cette version plus musclée, elle délivre 83 CV, notamment grâce à sa culasse hémisphérique. Elle est reconnaissable par ses deux projecteurs longue portée, de nouvelles jantes et des feux de recul de série. Cerise sur le gâteau, la belle est disponible avec des lève-vitres en option ! C'est une première sur une voiture française.

Un an plus tard, la première boîte automatique à pilotage électronique est disponible sur la Renault 16 TA, qui est équipée avec le moteur de la TS, mais avec une culasse ordinaire.

Une routière à la silhouette parfaite et à l'intérieur transformable.

SUR LES CHAPEAUX DE ROUES !

Familiale aux aptitudes sportives, la Renault 16 TS peut se glorifier de sa sélection privilégiée comme véhicule d'assistance rapide pendant les années 1960 sur le Rallye Monte-Carlo. Pour suivre ses équipages de pointe au volant de leur R8 et R12 Gordini, l'équipe officielle Renault utilisait la velléité de la R16, idéale pour transporter les boîtes à outils et les pièces de rechange. Dans les années 1970, une R16 aurait été vue en course, sur deux roues à chaque épingle ! Décidément, cette voiture avait toutes les qualités pour rivaliser avec la concurrence, sa tenue de route étant l'un de ses principaux atouts.

La Peugeot 204, la séductrice

La Peugeot 204 est l'une des voitures françaises qui illustre parfaitement le développement de l'automobile pendant la période des Trente Glorieuses. Officiellement présentée le 23 avril 1965 au Palais des Sports de Paris après huit ans de gestation, elle vient confirmer la politique commerciale de Peugeot : proposer des voitures de mieux en mieux équipées pour se démarquer de la concurrence exponentielle.

En phase avec son époque

Dans les années 1960, la France est en pleine croissance démographique et économique. Les besoins et désirs des consommateurs évoluent et la voiture populaire sans autres arguments commerciaux que le prix n'est plus la priorité des constructeurs nationaux. La tendance diffère et s'oriente vers des automobiles polyvalentes destinées au cadre moyen et à sa famille – il n'est alors plus rare de voir des ménages avec deux voitures.

Avec la 204, l'objectif de Peugeot est clair : varier sa clientèle et progresser dans la hiérarchie des constructeurs français. En effet, à cette période, la marque au lion n'est que le 4e constructeur national derrière Renault, Citroën et Simca. Face à son image vieillissante, ce nouveau modèle a un défi de taille à relever : redorer le blason de la marque grâce à son savoir-faire technologique.

Plusieurs versions sont proposées : berline, break, cabriolet, coupé… et même fourgonnette !

Un pari presque gagné d'avance

Lors de sa présentation, l'effet médiatique de sa sortie est considérable. Sous l'appellation de « projet D12 », la 204 n'a plus aucun secret pour la presse, ses premiers dessins lui ayant été dévoilés un an auparavant, ni pour son réseau français envers lequel Peugeot a d'ores et déjà communiqué par le biais de brochures. Avant que le rideau se lève sur les lignes de la 204, 500 modèles sont rodés afin que la presse et les clients potentiels puissent les essayer.

La première traction avant de la marque au lion.

Du jamais vu !

À sa découverte, les habitués de la marque n'en reviennent pas : cette voiture rompt avec tous ses codes esthétiques traditionnels. C'est une traction avant, son moteur est transversal, sa boîte de vitesses possède un carter d'huile commun avec le différentiel et elle est équipée d'origine de quatre freins à disques – une première pour Peugeot sur une voiture de série.

Il faut préciser que la concurrence est rude lors de sa sortie et Peugeot compte bien grignoter des parts de marché à Renault et à sa R8 au caractère et à l'allure plus sportive. Proposée uniquement dans une version berline grand luxe à ses débuts, la 204 dispose d'un toit ouvrant en série, son moteur fait 53 CV et son faible poids lui permet d'atteindre les 138 km/h. En plus d'avoir rassuré ses clients, Peugeot peut se targuer d'en avoir conquis de nouveaux. Les bons de commande ne tardent pas à affluer, et ce, même si la Renault 16 lui vole le statut de « voiture de l'année » en 1966. Il est temps pour la marque au lion de mettre à profit des projets audacieux prévus de longue date et de ne plus les laisser à l'état de concept. Le succès de la berline aidant, Peugeot va très vite frapper un grand coup avec ses 204 cabriolet et coupé.

SES ATOUTS : MODERNITÉ ET SIMPLICITÉ

La 204 représente un tournant significatif dans la culture de la marque au lion, car elle inaugure un nouveau segment dans le paysage automobile français : la voiture moyenne inférieure que l'on appelle aussi « MI ». En tête du palmarès des ventes sur le territoire en 1971 et 1972, sa force réside dans ses multiples déclinaisons, de la voiture « passion » à la grande familiale avec un break luxueux. Elle portera aussi le plus petit moteur diesel du monde d'une cylindrée de 1 255 cm^3 qui ne restera malheureusement pas dans les annales. Comme un clin d'œil à l'histoire, cette petite voiture attachante voit en 1972 sa calandre affublée du nouveau logo, le lion « héraldique », dont la fière allure s'inspire des armes de Franche-Comté, berceau de l'entreprise sochalienne.

La magie opère…

En 1963, la 204 était déjà dans les cartons, à l'état de projet destiné à la production. L'usine sochalienne a alors la chance d'avoir dans ses rangs un directeur du bureau au style et au parcours exemplaire, Paul Bouvot. Ce dernier esquisse un coupé 2+2 sur la base d'un cabriolet avec des lignes novatrices. La jeunesse des années 1960 devient une nouvelle cible pour le constructeur.

En septembre 1966, les versions cabriolet et coupé de la 204 sont proposées au public à un prix défiant toute concurrence dans ce segment. Le tour de force de Peugeot est simple : alors que la 404 est passée entre les mains du célèbre carrossier italien Pininfarina, qui en a ensuite assuré logiquement la production, la marque française s'est concentrée sur la conception des lignes de son futur cabriolet. Si sur le catalogue, la 404 cabriolet affiche un surcoût de 60 % par rapport à la berline, avec ses propres moyens, pour la version 204, Peugeot ne fait grimper la note que de 20 %. Sur la route, cheveux aux vents, celle-ci tient toutes ses promesses. Sa tenue de route est remarquable et son moteur séduit une clientèle passionnée par les voitures de caractère. Elle est disponible en cabriolet équipé d'un toit en dur (appelé « hard top ») optionnel en 1967 et en coupé résolument sportif. Respectivement produites à 18 000 et 42 000 exemplaires, ces deux versions vont permettre à la marque de s'inscrire rapidement au deuxième rang des constructeurs français.

Profilé technique de la 204.

La Méhari, hors des sentiers battus

Née en plein cœur des événements de 1968, la Citroën Méhari véhicule encore de nos jours cet esprit «nature» d'une voiture pas comme les autres et unique à plus d'un titre.

La Méhari, la voiture tous chemins.

Héros de la guerre…

Sa conception est imaginée par le comte Roland Paulze d'Ivoy de la Poype, un ancien pilote de chasse émérite de la Seconde Guerre mondiale, qui servait au sein de l'unité d'élite Normandie-Niemen sur le front soviétique. Décoré des titres de héros de l'Union Soviétique et de Compagnon de la Libération, il quitte l'armée à l'âge de 27 ans. Son retour à la vie active sédentaire se solde un peu plus tard par la création de la célèbre Méhari.

Un modèle au charme indéniable…

… et industriel visionnaire

Mais avant de devenir l'un des rares acteurs indépendants à concevoir une voiture de série auprès d'un grand constructeur, le comte a déjà fait son petit bonhomme de chemin à la tête de la direction de la SEAP, la Société d'études et d'applications des plastiques.

Roland de la Poype est ensuite amené à collaborer avec Citroën pour lequel il réalise des planches de bord pour les DS, mais aussi des ailes arrières pour les Ami 8 Break. Il décide alors de mettre en œuvre son savoir-faire et choisit la technique de l'ABS (un polymère thermoplastique) pour «rhabiller» un châssis de Citroën 2 CV fourgonnette. Le résultat est étonnant : la voiture «de plage» est née. Ce qui ne devait être qu'un exercice de style destiné à une production privée reçoit les honneurs de la maison mère Citroën. La Dyane 6 Méhari est rapidement fabriquée à Bezons en région parisienne, puis en Belgique à Forest.

Une « baba cool » au service des armées

Après avoir reçu l'homologation du service des Mines, la production débute avec 2 500 unités. Son moteur de 33 chevaux, issu de l'Ami 6, offre de bonnes prestations. Trois coloris sont proposés dans un premier temps. En 1970, la carrosserie est légèrement modifiée. Huit ans plus tard, elle reçoit des freins à disques à l'avant accolés à la boîte de vitesse ainsi qu'une calandre démontable. En dix-neuf ans de carrière, ce seront les seules retouches esthétiques visibles.

7 064 exemplaires ont été commandés par l'armée française pour remplacer la Jeep Hotchkiss, présente surtout sur le littoral français pour la Gendarmerie. Une version à quatre roues motrices toujours aussi rustique est conçue en 1979 avec une roue de secours sur le capot, en option !

Si l'armée pour qui elle était à l'origine destinée ne répond pas à l'appel d'offres de Citroën, elle est en revanche aujourd'hui l'une des Méhari les plus recherchées par les collectionneurs, car elle reste la seule capable de gravir une pente de 60 % grâce à sa boîte de vitesses avec réducteur.

Le symbole de la liberté et des vacances.

LE SAVIEZ-VOUS ?

La Méhari a fait une apparition très remarquée dans un film devenu un classique du genre, *le Gendarme de Saint-Tropez*, où elle avait comme partenaire un certain Maréchal des Logis Cruchot, alias Louis de Funès.

Une voiture utilitaire mais aussi ludique.

UN GRAND SHOW MÉDIATIQUE

Le 16 mai 1968, si Paris est sous les barricades, la Méhari profite, elle, du soleil du golf de Deauville.
Pour assurer sa présentation officielle, la Dyane 6 Méhari s'est adjoint les services d'une vingtaine de mannequins, chacune d'elles étant habillée selon la couleur de chaque voiture :

- La jaune pour le golf, avec ses sacs et clubs à bord ;
- La bleue, équipée de son gyrophare, représente les services de sécurité. À son volant, de jeunes femmes armées et accompagnées de chiens ;
- La grise, avec à son bord des jeunes aux cheveux longs, robes à fleurs pour les filles, guitares pour les garçons ;
- La rouge, munie d'extincteurs, destinée aux pompiers ;
- La beige, avec ses plaques de désensablement et une pelle sur le côté gauche pour les chasseurs ;
- La verte, chargée de foin pour représenter la ferme ;
- La turquoise, dont les occupantes sont simplement vêtues de maillots de bain, pour aller à la plage ;
- La blanche, enfin, chargée de lapins qui seront offerts en cadeau à chaque journaliste.

Une légende toujours roulante

Son charme indéniable lui confère une personnalité attachante. Certes, son bicylindre Citroën râle plus qu'il n'avance et son chauffage est d'une efficacité toute relative. Mais la Méhari sait jouer de ses défauts, elle qui a toujours évolué dans un monde à part, celui de ces automobiles où le seul leitmotiv est de rouler autrement, passionnément.

Ce n'est d'ailleurs pas un hasard si le dernier modèle est baptisé « Azur ». Depuis ses premiers tours de roues, sa place est au soleil, cheveux au vent, pour une ballade hors des sentiers battus. Sur les côtes du littoral, sa facilité d'entretien, son lavage au jet d'eau la rendent pratique et idéale en période estivale.

Et même si sa production est stoppée en 1987 avec 144 953 exemplaires, elle continue de poursuivre inlassablement sa route, toujours aussi populaire, capable de tout faire comme le revendiquait sa présentation officielle en 1968. Et si elle était tout simplement le symbole sur quatre roues d'une certaine forme de liberté ?

Petit constructeur deviendra grand...

S'ils ne sont parfois que de simples artisans, les petits constructeurs français prouvent encore et toujours que l'industrie de l'automobile n'est pas la chasse gardée des grands industriels.

L'âge d'or

Au XIXe siècle, la France est l'un des berceaux de l'automobile et en incarne alors le luxe, l'élégance et un certain savoir-faire. Plus de cent marques ont apporté leur pierre à l'édifice. Hélas, deux conflits mondiaux ont sonné le glas de nombre d'entre elles, tandis que d'autres ont traversé les époques avant d'êtres rachetées par des investisseurs étrangers.

Si aujourd'hui comme hier, l'histoire de l'automobile en France est intimement liée à la fluctuation de l'économie, un seul moteur continue à animer les petits constructeurs : la passion, et ce, souvent au détriment d'une grande diffusion.

Alpine, le symbole de la réussite

Dans les années 1950, Jean Rédélé, diplômé d'HEC, est le plus jeune concessionnaire Renault de France. Passionné d'automobile et surtout de compétition, il remporte dans sa catégorie la course prestigieuse des Mille Miles en 1952 sur une Renault 4 CV. Pour lui, la course constitue le meilleur banc d'essai pour les modèles de série et la victoire le meilleur argument de vente.

Suite à de nombreux succès, notamment sur les routes alpines, il ambitionne de construire une voiture performante, innovante, équipée d'une mécanique simple mais compétitive, sous une carrosserie légère et attrayante. La société anonyme des automobiles Alpine voit le jour à Dieppe en 1955.

Quand la Renault Alpine A110-50 se confronte à son aînée, l'Alpine A110 Rallye.

La naissance d'un mythe

Présentée au salon de Paris en 1962, l'Alpine A 310, surnommée « la Berlinette », connaît rapidement un grand succès. Pourtant, sa finition laisse à désirer, sa visibilité est très limitée et son confort plus que moyen.

Mais c'est en compétition que ce bolide bleu va dévoiler son tempérament de feu avec un prototype, la M64, victorieuse de la course d'endurance des 12 Heures de Reims en 1964. L'Alpine A110 connaîtra elle aussi ses heures de gloire en rallye, notamment sur celui de Monte-Carlo en 1971, et remportera même un titre de champion du monde des constructeurs en 1973.

Quand le passé refait surface

En 1973, le constructeur généraliste Renault devient l'actionnaire majoritaire d'Alpine. En 1978, Jean Rédélé quitte sa société et une longue collaboration s'engage alors entre le bureau d'études de Dieppe et la Régie afin de développer les voitures de sport. La gamme « Renault Sport » remportera de grands succès avec l'Alpine A310 ou la R5 Turbo.

En 1991, la dernière Alpine commercialisée est l'A610.

Fin 2012, Carlos Ghosn, l'actuel président de Renault, annonce le retour en production d'une Alpine pour 2016. Une renaissance plus qu'attendue par les fans de la célèbre « Berlinette ».

À gauche, Jean Rédélé, au départ du Rallye Monte-Carlo avec sa 4 CV (1953).

Matra Automobiles, une initiative...

Autrefois entreprise d'armement, l'entité Matra-Sports prend forme en 1964 sous l'impulsion de Jean-Luc Lagardère. En l'espace de dix ans, cette écurie de courses aux moyens financiers dérisoires se forge l'un des plus beaux palmarès du sport automobile mondial.

Jackie Stewart au volant de sa Matra MS 10-02 (Grand Prix de France, 1968, circuit de Rouen-les-Essarts).

... couronnée de succès

Leur première victoire remonte à 1965, en Formule 3, avec le pilote Jean-Pierre Beltoise. Trois ans plus tard, c'est la consécration dans le monde très disputé de la Formule 1. Matra est sacré chez les constructeurs, et Sir Jackie Stewart, son pilote légendaire, enlève le titre des pilotes.

Place à l'endurance avec ensuite un titre constructeur en 1973, puis trois succès consécutifs aux 24 Heures du Mans entre 1972 et 1974 avec le pilote au casque vert Henri Pescarolo. Au final, Matra-Sports totalise 124 victoires sur les différents championnats.

La Bagheera, une féline à la ligne racée (publicité de 1973).

LA VOITURE À TROIS PLACES

Parmi les automobiles les plus connues de la marque Matra figure la Bagheera avec ses trois places à l'avant, réalisée en partenariat avec Talbot. Capable d'atteindre les 180 km/h, ce bolide attire tous les regards et suscite la curiosité des passants. Les bons de commande affluent et 47 796 Bagheera sortent des chaînes de montage. Un autre modèle, la Rancho, inaugure un style tout terrain polyvalent. Sorte d'utilitaire avec une allure de baroudeuse, presque trop en avance sur la mode, ce 4x4 des villes novateur avant l'heure est produit à plus de 55 000 exemplaires. La Murena succédera à la Bagheera mais suscitera moins d'enthousiasme, tout comme l'Avantime, trop révolutionnaire au niveau de ses formes et trop cher pour séduire une large clientèle.

Aujourd'hui encore, la société Matra perdure et se distingue avec sa politique urbaine non polluante qui consiste à élaborer non seulement des vélos et des scooters électriques mais aussi des concept-cars préfigurant l'avenir.

La Cévennes, l'un des trois modèles diffusés par la marque PGO, un petit constructeur actuellement très en vue sur le marché français, avec la Speedster 2 et l'Hemera.

Venturi, la haute technologie à grande vitesse.
En 1984, Venturi tente avec quatre anciens salariés de la société Heuliez de produire une voiture de sport. En 1992, la Venturi coupé 260 Atlantique sort. Mais malgré sa popularité, peu d'exemplaires trouvent acquéreur. En l'an 2000, la marque est rachetée par un investisseur monégasque qui conserve l'appellation et décide de développer des voitures électriques. Ici, le modèle America de Venturi, un buggy électrique made in France.

De La Chapelle, le charme du passé revisité

En 1907, les automobiles Stimula-De La Chapelle naissent dans la Loire sous l'impulsion des frères Guy et Carl de La Chapelle. Une quarantaine de constructeurs de voitures sont alors présents dans la région car de nombreux maîtres de forge y sont installés pour travailler l'acier.

Grâce à ses châssis légers, la marque remporte de nombreuses courses de côtes et rivalise avec bien des voitures plus puissantes. La réussite est telle qu'un magasin ouvre ses portes à Paris.

Hélas, après la production d'un millier de voitures, la Première Guerre mondiale va stopper le développement de l'entreprise, qui va sommeiller jusqu'en 1975, lorsque le petit-neveu de Guy et Carl, Xavier de La Chapelle, décide de la réveiller. Passionné par la Bugatti type 55, créée en 1932 par Jean Bugatti, il décide de s'en inspirer pour mettre au point la première voiture moderne de la marque. Ce sera chose faite en 1978 avec la De la Chapelle type 55. Le succès rencontré au Salon de Genève va motiver son créateur à produire en petite série cette auto, vendue à plus de 1500 exemplaires à travers le monde. En 1990, le petit constructeur se lance dans une version dite « 2+2 », le Tourer. Suivront ensuite l'Atalante 57 et la Grand Prix, dévoilées en 1992. Particulièrement aboutie, la Roadster, résolument moderne, fait son apparition en 1998 et séduit tous les amateurs de belles mécaniques.

À Saint-Chamont, la ville natale d'Alain Prost, près de Saint-Étienne, où De La Chapelle est établi, la mécanique ne semble plus avoir de secrets pour cet artisan constructeur, vendeur de rêves pour passionnés.

La Rancho, le 4x4 version loisirs (1980).

La Renault 5, un pari gagnant !

Avec sa « bouille » sympathique, son allure, son regard espiègle et son architecture inédite, la Renault 5 tranche avec la production habituellement plus classique de la firme au losange. Née en 1972 dans un contexte économique alors en plein essor, cette petite voiture va vite révéler son côté pratique dans la « jungle » urbaine avide de nouveaux modes de consommation.

Sur la route du succès

Sous le nom de « Projet 122 », les premières esquisses de la future Renault 5 apparaissent en 1968. Sa présentation officielle, le 28 janvier 1972, ne laisse planer aucun doute sur sa réussite programmée. Parmi les 45 modèles exposés sur le stand du constructeur français, elle vole la vedette aux autres voitures de la gamme. Sa plastique diffère de la production généraliste sur un segment de plus en plus convoité ; ses portes sans poignée apparente, son hayon, sa banquette arrière rabattable sont des arguments très en vogue en ce début des années 1970. En avance sur son temps, cette héritière de la pratique 4 L est la première citadine équipée de pare-chocs en résine. Mais si ses atouts charmes sont nombreux, elle doit cependant compter avec une petite Britannique qui a désormais du coffre au propre comme au figuré : la nouvelle Mini Clubman apparue en 1970.

La première génération d'une petite voiture qui ira loin… (1972).

Le Car dans les rues de New York (1982).

Profilé technique de la R5 TL (1972).

Une citadine « branchée »

Bien que proposée à un tarif plus élevé que ses rivales, la Renault 5 arrive en concession avec deux modèles seulement : la version L, équipée d'un moteur peu convaincant de 36 CV issu de la 4 L, et la R5 TL, mieux achalandée et plus puissante, de 47 CV. Le levier de vitesses au volant est rapidement abandonné pour rejoindre le plancher. Pas moins de six cylindrées différentes sont produites avec des degrés de finition différents.

En 1974, les chiffres de ventes explosent sur le sol français. Trois ans plus tard, elle est au sommet du marché européen. La régie Renault décide alors de se lancer à la conquête des États-Unis et du Canada avec une version appelée « Le Car Van ». La R5 prend alors des airs de voiture excentrique. Proposée en deux places, son coffre est recouvert d'une moquette rouge d'un goût plus que discutable, de fenêtres rondes dont l'inspiration provient sûrement des camionnettes américaines et d'un sticker aux couleurs criardes arc-en-ciel qui orne ses flancs. Ce sera un échec commercial.

Renault tentera ensuite de rectifier le tir en proposant la « Le Car by Renault », moins tape-à-l'œil, mais toute aussi discrète en ce qui concerne les ventes.

STAR DE LA PUBLICITÉ

Chargée de la promotion de la R5, l'agence Publicis choisit de le faire d'une façon pour le moins originale, dans le cadre d'une campagne de publicité fortement colorée.

Par le biais d'une bande dessinée, la petite citadine s'humanise : ses phares sont des yeux et son pare-chocs une bouche. Philippe de Baupré, le directeur artistique de l'agence, introduit ainsi une relation affective par le dessin pour mettre en valeur une voiture dont Renault n'est pas persuadé de la réussite commerciale.

Sur les affiches, on peut lire : « Bonjour, je suis la Renault 5. En ville et sur la route, on m'appelle aussi Supercar. » La sympathique R5 s'expose alors sur tous les supports, dans les journaux, sur les murs, au cinéma. L'objectif avoué de cette campagne inédite est de fidéliser une toute nouvelle clientèle comprenant prioritairement les femmes, mais aussi les célibataires, les jeunes et toutes les catégories socioprofessionnelles.

Élégante, performante et pratique, que de qualités vantées par la publicité !

La Renault 5 Alpine, une sérieuse concurrente face à la Golf GTI et la 205 GTI (Rallye de Pologne, 1980).

Les Renault 5 Alpine et Turbo, les enfants terribles du sport

En 1976, la crise pétrolière fait rage et les grandes berlines s'en trouvent délaissées au profit des petites voitures, même à vocation sportive. Dessinée par Yves Legal dans les ateliers d'Alpine, la Renault 5 hérite d'une culasse hémisphérique utilisée sur la R8 Gordini. La réussite de cette voiture est éloquente dans son domaine de prédilection, la compétition.

Dans son évolution « Groupe 2 », la Renault 5 Alpine passe entre les mains du sorcier-préparateur Sinpar. Les résultats ne se font pas attendre grâce à Jean Ragnotti, le pilote émérite de la marque : 2e du Rallye Monte-Carlo en 1978, 2e du Tour de Corse en 1979, puis Champion de France des rallyes sur asphalte un an après.

En 1980, la petite sportive manque de tonus face à la concurrence. Apparaît alors la Renault 5 Turbo, un monstre bodybuildé aux ailes boursouflées, pourvue de becquets et de boucliers surdimensionnés. Un bolide qui en fait rêver plus d'un : son moteur placé à l'arrière est un monstre de puissance pour l'époque avec 160 CV. Suralimenté par un turbo « Garett », à la moindre sollicitation du pied droit sur l'accélérateur, la mise en action est brutale. Peu de pilotes arrivent à exploiter correctement le potentiel de cette voiture hors normes. À son tour, elle devient la reine incontestée des rallyes – notamment du Monte-Carlo en 1981 entre les mains de Jean Ragnotti, puis victorieuse à deux reprises du Tour de Corse ensuite.

La R5 Turbo 2 est la dernière commercialisée jusqu'en 1986. D'une présentation plus simple avec des éléments empruntés à l'Alpine, son moteur est plus exploitable, moins violent, surtout pour une utilisation routière classique. Au total, 3 424 unités seront produites.

La R5 Turbo Tour de Corse, que Renault remporta à quinze reprises entre 1956 et 1996.

La Supercinq, l'héritière

Tout au long de sa carrière, le curriculum vitae de la R5 n'a cessé de s'étoffer pour finalement franchir le cap des 5,5 millions d'exemplaires vendus.

Lorsqu'elle tire sa révérence après treize années de bons et loyaux services, celle qui ne devait être à l'origine qu'une simple petite citadine élaborée sur la base de la 4 L constitue le plus grand succès de l'industrie automobile française. Sa petite taille ne l'a pas empêché de devenir une voiture à tout faire, capable de voyager, de transporter de lourdes charges. Économique ou sportive, dépouillée ou luxueuse, avec ses trois ou cinq portes, elle a fait le bonheur de plusieurs générations.

En 1984, la Supercinq prend le relais mais ne l'égalera jamais.

Un véritable succès commercial avec plus de 5 millions d'exemplaires vendus entre 1972 et 1985.

Même les présidents de la République ne lui résistent pas ! Ici François Mitterrand essayant la nouvelle Super 5 dans la cour de l'Élysée (1984).

La Citroën CX, entre technologie et originalité

Toutes les Citroën ont un point commun : elles ne ressemblent à aucune autre voiture. Comment dès lors succéder à la célèbre DS et ses nombreuses innovations esthétiques et techniques ? Voilà toute la problématique du bureau d'études de la marque aux chevrons : faire de nouveau preuve d'une imagination débordante et dessiner un prototype dans un contexte économique délicat.

La CX, le dernier modèle 100 % Citroën (Salon de l'Automobile, 1973).

Résister au choc

C'était sans compter avec la crise pétrolière bien présente qui va venir bousculer Citroën bientôt racheté par le groupe Peugeot. Avec l'augmentation subite du carburant, les grosses berlines ne sont plus d'actualité.

Cependant, le projet de la future CX se poursuit et devient même un des dossiers prioritaires du constructeur, du fait de ses qualités indéniables qui ne vont pas échapper aux journalistes de l'époque. En octobre 1974, la CX de pré-série leur est présentée. Le succès est total, le modèle est ovationné par le public.

Un chef-d'œuvre de la technique dans un intérieur futuriste

Les « têtes pensantes » du bureau d'études de Vélizy sont dirigées par un jeune designer très au fait de la tendance actuelle : Robert Opron. Le conservatisme n'étant pas son credo, il se lance avec son équipe dans le projet de la futur CX. Une fois les contours esthétiques de cette nouveauté validés – comme pourrait l'être la collection d'un créateur pour un défilé de mode –, un cahier des charges précis entre en vigueur. Les ingénieurs disposent de 156 semaines pour que le projet devienne une réalité sur la route. Face à ce nouveau challenge, les innovations techniques prennent le dessus : un faux-châssis porte les trains roulants ainsi que le moteur transversal et la direction assistée est équipée du système « Diravi » hydraulique qui varie la dureté du volant en fonction de la vitesse.

LE SAVIEZ-VOUS ?

La version la plus luxueuse de la CX, la limousine « Prestige », spécialement conçue à la demande de l'Élysée, est la voiture fétiche des chefs d'État et d'entreprises. Avec son toit surélevé, son luxe intérieur et sa condamnation centralisée des portes en série, elle a notamment la préférence du président Valéry Giscard d'Estaing.

Test aérodynamique.

À LA MODE GTI

« Grand Tourisme Injection ». Ces trois lettres sont à mettre au compte du constructeur italien à vocation sportive Maserati. Un peu vexés par le manque de tonus de la CX, ou dans un souci constant de vouloir toujours en proposer davantage, les ingénieurs de Citroën décident de faire monter le moteur en puissance. Proposée avec 128 CV, la CX 2400 GTI roule à 190 km/h. En 1981, elle est dotée d'un becquet arrière et de jantes spécifiques.
Les autres modèles seront plus conventionnels, du fait de l'alliance entre Citroën et Peugeot et de l'élaboration d'un moteur commun modernisant la base utilisée sur la CX.
En 1986, la CX GTI Turbo2 reçoit un échangeur air-air. Si la puissance n'évolue guère, l'injection offre, elle, un meilleur rendement mécanique. La CX prend des allures de TGV et atteint alors une vitesse de pointe de 195 km/h.

La GTI, un modèle qui en a sous le capot !

Vous avez dit « Pallas roulant » ?

D'un profil moderne et aérodynamique, la CX (dont le nom reprend le symbole conventionnel du coefficient de traînée) rappelle la silhouette de la DS dont elle possède le même système d'amortissement hydropneumatique.
Le premier modèle destiné au public reçoit un moteur de 1985 cm³ ou de 2175 cm³ déjà utilisé sur les DS. Deux finitions sont proposées : les CX Confort et Super. Jugées spartiates comparativement au haut de gamme Pallas de la toujours flamboyante DS, Citroën passe à la vitesse supérieure et propose une version nettement plus luxueuse et bien nommée, la Pallas.

Une riche idée

En cette année 1975, Citroën récolte les fruits du succès de la CX et reçoit trois prix : le titre de voiture européenne de l'année, le prix de la sécurité et celui du style. Celle qui a « bonne presse » voit ses ventes décoller : 100 000 voitures par an – un objectif que même la DS n'a atteint qu'une seule année sur ces vingt et une de carrière.
Face aux conséquences financières de la crise pétrolière de 1973, le constructeur n'a d'autre choix que de s'adapter aux réalités économiques. En 1975, il décide d'adapter un bloc-moteur diesel, une idée qui va rapidement se confirmer avec la CX 2200D, la première voiture diesel de la marque aux chevrons produite en série (si l'on exclut la Rosalie diesel licence Ricardo de 1935).
En 1991, la marque aux chevrons tourne définitivement la page de la brillante CX pour en ouvrir une autre, celle de la XM, dont l'avenir ne sera pas aussi grandiose.

Un style inédit pour un petit bijou de technologie (écorché technique).

La Peugeot 604, le luxe à la française

Malgré la crise pétrolière de 1973, Peugeot a l'audace de proposer à sa clientèle une berline luxueuse et opulente, qu'elle dévoile lors du Salon de Genève en 1975. La marque sochalienne n'avait pas exploré ce segment depuis la 601, quarante ans auparavant.

Un modèle haut de gamme

Si sa longueur évoque les voitures américaines, son apparence rappelle, elle, les productions allemandes, dont les qualités sont déjà à l'époque citées en référence. D'un classicisme volontaire, la 604 est une réalisation du carrossier italien Pininfarina. Pendant plusieurs années, elle va symboliser le luxe à la française et ce, jusqu'au plus haut sommet de l'État, le président Valéry Giscard d'Estaing la choisissant dans sa version gris anthracite dotée d'une boîte automatique.

Son atout majeur : sa tenue de route

Proposée dès sa sortie avec un moteur six cylindres PRV, fruit de l'alliance entre les marques Peugeot, Renault et Volvo, l'appétit de la 604 s'avère féroce en carburant : entre 14 et 17 litres au cent. Dans un contexte de politique économique de « chasse » au gaspillage et face à l'envolée du prix du baril de pétrole, la clientèle pour ce genre de berline se fait rare. Pourtant, le confort du vaisseau amiral de la marque sochalienne ne souffre d'aucun défaut si ce n'est d'une ambiance intérieure loin des critères de finitions de la concurrence.

En revanche, son comportement routier est, lui, cité en exemple. Considérée comme la plus belle voiture française de l'époque, son échec commercial ne surprend cependant guère. Car le groupe PSA, qui comprend Peugeot et Citroën, a racheté Chrysler Europe en 1978 et par voie de conséquence, la marque Talbot. Le groupe français décide alors d'importer la Talbot Tagora, la concurrente naturelle de la 604. On comprend mieux pourquoi Peugeot n'a produit que 153 266 exemplaires de la 604.

Une version diesel pour sauver l'honneur

En 1979, la 604 fait enfin parler d'elle en devenant la première berline européenne équipée d'une motorisation turbo diesel de série. Les ingénieurs de Peugeot réalisent là un véritable exploit technique : la base est un moteur Indenor de 2 304 cm^3, équipé d'un turbo américain Garrett afin de porter sa puissance à 80 CV – à titre de comparaison, le constructeur allemand Mercedes ne proposera un moteur diesel dans sa gamme qu'un an après avec la Mercedes 300. L'avantage indéniable sur ce genre de moteur réside dans sa faible consommation de carburant.

Commercialisée en deux versions, D Turbo et D Turbo grand confort, la 604 va enfin connaître le succès escompté, ces deux modèles représentant la moitié du nombre total de ventes.

Une ligne sobre pour une voiture de prestige.

UN CHOIX TECHNIQUE PLÉBISCITÉ

Au-delà d'une première, la « culture » du moteur diesel entre dans les gênes de la marque sochalienne. Il sera omniprésent dans les futures berlines comme dans les petites citadines, telle la célèbre 205. Ce type de moteur, dont le surcoût à l'achat s'amoindrit au fil du temps, va connaître un bel avenir sous les meilleurs auspices, ceux de la compétition, avec le sacre de Peugeot aux 24 Heures du Mans en 2009. Aujourd'hui, le succès de ce type de motorisation est sur la pente descendante en raison de son impact environnemental, notamment sur la santé.

Portrait d'une grande voyageuse

Ces 604 diesel ont un terrain de prédilection, l'autoroute. Nul besoin de rétrograder une des cinq vitesses de la boîte, la quiétude de ce moteur est un argument majeur. Automobile idéale du voyageur, cette voiture trouve enfin sa voie. Les journalistes restent toutefois discrets sur ces dernières versions et leur reprochent globalement de ne pas être à la hauteur du prestige des autres constructeurs. On déplore sa finition, ses portes et sa section centrale qui sont reprises de la 504 et l'apparition de rouille sur certaines fait désordre.

La dernière évolution sur la base d'un diesel est la GTD, équipée d'un moteur de 2,5 l emprunté à la 505 de 95 CV, qui atteint une vitesse de pointe de 165 km/h.

Toute une panoplie d'options s'offrait en version limousine : bar, télévision, téléphone, séparation, rideaux, bureau…

Dans le sillon d'une pionnière

De 1975 à 1985, la 604 va marquer les esprits d'une génération. Cette première grande berline française spacieuse n'a à l'époque qu'une rivale, la Renault 30. Satisfaire une clientèle avec une voiture sobre et élégante, sa plus grande qualité, était l'option commerciale choisie par la marque sochalienne. Si l'objectif initial de produire 150 exemplaires de la 604 par jour ne sera jamais atteint, ses versions diesel ont préfiguré un avenir technique qui deviendra ensuite celui de tous les constructeurs européens.

Le Paris-Dakar, en route pour l'aventure !

Aventurier dans l'âme, l'homme a découvert les continents terrestres, conquis les océans, bravé les régions les plus hostiles, escaladé les plus hauts sommets du monde. Sur terre, sur mer ou dans les airs, cet esprit de découverte ne s'est jamais estompé. Lutter contre les éléments et multiplier les exploits restent encore et toujours d'actualité.

Chronique d'un succès populaire

À l'origine du premier rallye-raid motorisé, on trouve Jean-Claude Bertrand, celui qui organise dès 1976 le rallye Côte d'Ivoire-Côte d'Azur, communément appelé « Abidjan-Nice ». En 1977, un motard, Thierry Sabine, se perd dans le labyrinthe du désert de Libye. « Sauvé des sables » in extremis, il rentre en France avec une seule idée en tête : faire partager cette aventure au plus grand nombre. Il imagine alors une grande épopée reliant Paris à Dakar, en passant par Alger et Agadez dans le Sahara nigérien.

La 4L des frères Marreau lors de la première édition du Paris-Dakar en 1978.

Stationnés place de la Concorde, les concurrents attendent le départ du rallye (1983).

Une épreuve incroyable au cœur du désert.

Une histoire d'hommes et de voitures

En 1983, le rallye traverse pour la première fois une grande mer de sable, le Ténéré. Des dizaines de concurrents se perdent. Du haut de son hélicoptère, Thierry Sabine veille au grain. Son charisme participe à la reconnaissance médiatique de ce rendez-vous incontournable, tout comme ses pilotes.

Ancien pilote de Formule 1, six fois vainqueur des 24 Heures du Mans, Jacky Ickx est de l'aventure et a comme copilote l'acteur Claude Brasseur. L'équipage remporte cette édition sur une Mercedes-Benz 280 G.

Si les grands constructeurs se font de plus en plus présents (Volkswagen, BMW, Lada, Porsche dès 1984 avec René Metge et Jacky Ickx), la majorité des voitures participent à titre privé.

En 1986, le 14 janvier, un vent de sable violent se lève pendant l'étape Niamey-Gourma-Rharous. À 19 h 20, l'hélicoptère affrété par Thierry Sabine s'écrase, avec à son bord, le chanteur Daniel Balavoine, la journaliste Nathalie Odent, le pilote François-Xavier Bagnoud et le technicien radio Jean-Paul Le Fur.

Tous trouvent la mort dans ce terrible accident.

La plus grande aventure humaine mécanique est née

La première édition disputée en 1978 rencontre un vif succès. Reste le souvenir indélébile d'un départ le 26 décembre sur la Place du Trocadéro à Paris, où de drôles de machines préparées pour affronter le sable suscitent la curiosité de spectateurs intrigués. 170 équipes sont engagées et parmi elles, plusieurs femmes. La course révèle le contraste saisissant entre les différentes civilisations rencontrées. Les paysages sont multiples, les déserts grandioses. La course en elle-même en devient presque secondaire tellement les participants dépassent leurs propres limites physiques et psychologiques. L'arrivée au lac Rose de Dakar est fabuleuse, Cyril Neveu l'emporte en moto, tandis que l'équipage Genestier-Terbiaut gagne en voiture avec une Range Rover.

Incident mécanique pour l'équipage Ickx-Brasseur lors de l'édition de 1986.

Peugeot et Citroën entrent dans la danse

Sous l'impulsion de son patron Jean Todt, l'écurie Peugeot-Sport entre dans la légende par la grande porte en 1987. Le constructeur sochalien s'aligne avec la 205 Turbo 16 Grand Raid, un monstre de puissance. Au volant, le pilote Ari Vatanen s'impose avec le journaliste Bernard Giroux.

En 1991, Citroën prend le relais de Peugeot et Ari Vatanen signe sa quatrième victoire au volant de la ZX Rallye-Raid. La suprématie du constructeur français ne prendra fin qu'en 1996 après trois nouvelles victoires signées par l'équipage Lartigue-Perrin. Entre 1990 et 1997, cette voiture remportera 36 courses sur les 42 auxquelles elle a participé. Citroën peut être fier de ses cinq titres de champion du monde des constructeurs en Rallye-Raid.

Un défi pour ceux qui partent.
Du rêve pour ceux qui restent.

Thierry Sabine, à propos du Paris-Dakar.

En 2001, l'Allemande Jutta Kleinschmidt s'impose avec sa Mitsubishi et devient la première (et la seule) femme à remporter le Rallye.

Le Paris-Dakar, une compétition extrême dans des décors naturels grandioses.

Changement de cap !

Toujours à la recherche de nouveauté et de découverte, le Paris-Dakar est le fruit d'une imagination débordante de ses différents organisateurs. En 1992, l'arrivée n'est pas jugée à Dakar, au Sénégal, mais au Cap, en Afrique du Sud. Le périple est alors sur un axe Nord-Sud et visite dix pays, soit 12 427 km !

En l'an 2000, la ville de Dakar accueille le départ, puis le Rallye prend la direction du Caire. Au pied des pyramides de Gizeh, Jean-Louis Schlesser l'emporte avec un buggy de sa conception.

Huit ans plus tard, en 2008, suite à l'assassinat de quatre Français et de trois militaires dans le désert mauritanien, la course est annulée. Le Paris-Dakar doit s'adapter aux nouveaux problèmes géopolitiques rencontrés en Afrique. Sa direction décide alors de changer de continent et de partir pour l'Amérique du Sud. Si la course conserve l'appellation « Dakar », l'Argentine, le Chili, le Pérou et la Bolivie sont ses terrains de jeux jusqu'en 2019. L'épreuve migre ensuite en Arabie saoudite pour une durée contractuelle de cinq ans et renoue avec les grands espaces désertiques.

L'équipage Al-Attiyah-Baumel remporte l'édition 2015 du « Dakar » sur une mini équipée d'un moteur double turbo diesel.

LE SAVIEZ-VOUS ?

En 1988, durant une nuit, la toute nouvelle Peugeot 405 T16 d'Ari Vatanen est volée à Bamako, au Mali. Une rançon est exigée pour sa restitution. Finalement, la voiture est retrouvée intacte le lendemain matin à 3 km du bivouac. Cet incident aura malheureusement une fâcheuse conséquence, le Finlandais se voyant déclassé.

Nostalgie, quand tu nous tiens…

Force est de constater que nombreux sont ceux qui regrettent l'époque africaine, les années les plus représentatives d'une course où les amateurs devaient se débrouiller pour rallier l'arrivée avec des voitures parfois atypiques, comme en 1981, quand la Rolls Royce de Thierry de Montcorgé avait défrayé la chronique. Ou lorsque l'on pouvait voir sur les pistes la Renault 4L des frères Marreau, surnommés « les renards du désert », ou encore la Renault 5 Alpine Turbo, une Citroën Traction Avant ou la CX pilotée par le Belge Jacky Ickx.

Le Paris-Dakar d'antan était également le rendez-vous des personnalités en quête d'émotions : Michel Sardou, Chantal Nobel, Johnny Hallyday ou encore Caroline et Albert de Monaco y ont participé. Ce petit grain de folie fait désormais parti d'un passé bien révolu. Depuis deux décennies, le plus grand rallye-raid du monde est une épreuve dominée par les professionnels. Les amateurs se font certes rares, mais ils continuent à véhiculer l'esprit originel d'une course chère à Thierry Sabine, un homme épris d'aventure qui, avec sa barbe de baroudeur et sa combinaison blanche, reste dans la mémoire du public.

Ceux dont le seul but est de rallier l'arrivée vivent des moments à jamais gravés dans leurs mémoires et livrent des anecdotes croustillantes, qui alimentent l'histoire du Dakar avec un ADN commun : celui d'une aventure authentique et passionnée.

Depuis 2009, le Rallye-Raid a gagné d'autres horizons et vogué vers un autre continent, l'Amérique du Sud.

Quand l'expérience tourne court...

Parfois, les constructeurs en quête de nouveautés stylistiques s'égarent dans des choix hasardeux. Hélas, l'innovation n'est pas toujours synonyme de succès, le sacro-saint paramètre d'une réussite, ou d'un échec cuisant, demeurant le baromètre intransigeant des ventes.

Le design avant tout !

Pour l'opinion publique, le dessin d'une voiture demeure un critère fondamental. On pourrait en cela comparer l'automobile à la mode vestimentaire. Si certains produits sont trop tape-à-l'œil, d'autres sont trop classiques, pas assez confortables ou simplement pas adaptés à leur utilisation. D'où le choix cornélien des fabricants qui consiste à proposer un véhicule dans l'air du temps, séduisant, voire même attirant.

Les raisons pour lesquelles de nombreuses voitures ont échoué à leur examen auprès des consommateurs sont multiples et variées. Mais suivant l'expression « il est préférable d'échouer dans l'originalité que de réussir dans l'imitation », jamais un constructeur ne se verra reprocher son opiniâtreté à vouloir bousculer les codes esthétiques et techniques de la production automobile.

Le sort de la Talbot Tagora était malheureusement scellé dès le début. En cause, son histoire mouvementée et un positionnement mal défini.

La Mega Club Ranch, une voiture française imaginée pour succéder à la Citroën Méhari, s'avérera décevante au niveau des ventes.

La Renault Fuego, un coupé sans réelle identité

Celle qui fut le symbole des années 1980 est apparue à de nombreuses reprises sur les plateaux de cinéma : dans le film de Kad Merad et Olivier Baroux, en 2003, *Mais qui a tué Paméla Rose*, mais aussi dans trois James Bond ou encore dans la série télévisée *Magnum*, qui se déroule à Hawaï !

Malheureusement, sa carrière médiatique ne reflète pas sa réussite commerciale. Écoulée à seulement 265 367 exemplaires dans le monde, la Fuego ne connaît pas le succès escompté. En cause, son manque de puissance sur un segment où la concurrence est rude. La clientèle n'est pas franchement séduite, tout comme la presse spécialisée, qui ne tarde pas à la comparer à une « Porsche au rabais » – sa plastique ayant des faux airs de la Porsche 924, un modèle déjà fortement critiqué par les fidèles de la marque de sport allemande.

Dans ce contexte délicat, les efforts consentis par la Régie Renault pour la moderniser resteront vains. Bien que confortable et pratique, la Fuego conserve son image désuète, et ce ne sont pas ses quelques apparitions en compétition, notamment sur le Rallye-Raid Paris-Dakar, qui vont booster ses ventes...

Curieusement, elle connaît aujourd'hui un regain d'intérêt, ses couleurs fluo revenant à la mode. Mémoire vive d'une époque, la Renault Fuego peut être considérée à plus d'un titre comme un « collector », car elle fut la première voiture au monde à être équipée d'une fermeture centralisée avec une télécommande sans clé.

La Renault 14, surnommée « la poire », presque un million d'exemplaires vendus, malgré un style au cœur de nombreuses critiques.

La Talbot Tagora, une berline un peu trop exotique

À l'origine pensée par le groupe américain Chrysler, la Tagora a une mission : séduire les Français. Lorsque la filiale européenne de Chrysler est cédée au groupe Peugeot, celui-ci, en alliance avec Talbot, lance en 1981 la fabrication de cette berline aux allures de limousine.

Selon son cahier des charges, son objectif est d'incarner le très haut de gamme – une version prototype « présidence » sera même exposée au Salon de Francfort, dotée d'un téléviseur, d'un magnétoscope, d'une chaîne hi-fi et d'un téléphone. Un exercice de style qui n'a rien d'anodin, les chefs d'entreprises et les cadres supérieurs étant la cible privilégiée de la Tagora. Elle est ensuite équipée d'un moteur Peugeot diesel et du 6 cylindres de la 604.

Malgré son statut de berline la plus puissante et la plus rapide du marché, la clientèle française la boude. Son positionnement commercial est considéré comme flou et la confiance n'est pas au rendez-vous pour ce modèle pensé par plusieurs constructeurs. De plus, sa campagne publicitaire est inexistante et sa finition indigne de son standing. En juillet 1983, la Tagora quitte discrètement le devant de la scène et son réseau de revendeurs. Les quelques centaines de voitures invendues sont bradées en Espagne. Une fin qui n'a vraiment rien d'un « happy end » avec seulement 20 133 voitures sorties des chaînes de montage.

Offrez-vous une plongée dans les années 1980 avec la Renault Fuego Turbo D (1982) !

La Citroën GS Bi-rotor, la première voiture française à moteur rotatif. Une voiture innovante au succès malheureusement peu retentissant.

La Citroën BX 4 TC a été produite à 200 exemplaires homologués pour répondre au règlement du championnat du monde des rallyes. 86 d'entre elles seulement trouveront preneurs, les autres iront directement à la casse.

La Matra Murena, trop exclusive

Réalisée par des passionnés de la société Matra Automobiles en collaboration avec Talbot en 1980, la Murena devait incarner la descendance (moins glorieuse) de la Bagheera…
Avec 10 680 exemplaires produits, sa diffusion fut plus que limitée dans le paysage automobile français. Cependant, dans la mémoire collective, tout le monde ou presque a déjà aperçu ce véhicule un jour ou l'autre.
Comment ne pas être subjugué devant les lignes de ce coupé sportif dessiné par Antoine Volanis avec ses trois places à l'avant surpiquées de velours – du jamais vu sur une voiture de ce type. Toutefois, les performances de sa motorisation n'ont de sportif que le nom et certaines berlines s'avèrent alors bien plus confortables et pratiques, tout en offrant des qualités routières identiques. Pourquoi dès lors acheter une voiture de sport uniquement pour ses formes aérodynamiques ? La réponse sera rapide aux vues de ses ventes sporadiques. Reste à Matra Automobiles le mérite de commercialiser cet exercice de style, comme un pied de nez aux grandes multinationales et à leurs productions classiques.

La Monica, victime de la crise

Elle aurait pu avoir la prétention de défiler au Festival de Cannes tellement sa robe incarnait le luxe et le savoir-faire français. Hélas, la Monica restera dans les annales de l'automobile comme l'une des voitures les moins produites avec une vingtaine d'exemplaires seulement. C'est malheureusement l'histoire d'une sportive arrivée en concession au pire moment, celui de la crise pétrolière de 1973. Développée par Jean Tastevin, ingénieur diplômé de l'École Centrale de Paris, la Monica est une sportive « cousue main » avec sa carrosserie en aluminium et son moteur 8 cylindres trop gourmand en essence.

À peine voit-elle le jour que sa destinée semble déjà compromise. En cause son prix d'un million d'anciens francs, plus que prohibitif dans un contexte économique délicat.

Après seulement un an d'existence, le rêve du luxe à la française de Jean Tastevin s'évanouit.

C'est un coup dur pour cet ingénieur, qui avait baptisé sa voiture « Monica » en hommage à son épouse Monique.

Preuve est désormais faite que la passion ne suffit pas face aux affres de l'économie...

La Monica, une voiture de prestige réservée à une clientèle élitiste, est aujourd'hui tombée dans l'oubli.

La Peugeot 205, « un sacré numéro »

En ce début des années 1980, Peugeot se trouve dans une situation financière des plus compliquées suite au rachat ruineux de Chrysler Europe. De plus, l'image de la firme sochalienne est jugée désuète et la 104 subit les foudres de sa rivale, la Renault 5. Apparaît alors un projet élaboré dans le plus grand secret depuis 1978, baptisé « M24 », avec une seule et unique mission : sauver la marque au lion d'un désastre annoncé.

La reine des ventes en 1984 et 1985.

Un chiffre porte-bonheur

Dès 1982, « 205 » est le numéro attribué à une nouvelle petite citadine avant-gardiste destinée à toutes les classes sociales. Celle-ci se doit de plaire aux familles grâce au volume conséquent de son coffre, mais aussi aux célibataires avec des modèles à vocation sportive. Elle doit également pouvoir être proposée comme la deuxième voiture idéale du foyer.

À l'époque, personne n'imagine l'impact qu'aura la 205. Il y avait un « avant » – la naissance de la marque au lion, sa progression et sa réputation de voitures fiables mais sans cette touche de fantaisie reconnaissable chez la concurrence –, mais il y aura surtout un « après ». Grâce à ce nouveau modèle, Peugeot se dévoile sous un nouveau visage et se révèle comme une marque capable de rivaliser avec les plus grandes, ravivée par son implication dans le sport. Un véritable bain de jouvence !

Quand on a 18 ans et son permis, avoir une Peugeot devient une évidence, et une 205 de préférence !

La Peugeot 205, un modèle phare au succès incontestable !

Une nouvelle citadine encore au stade de projet.

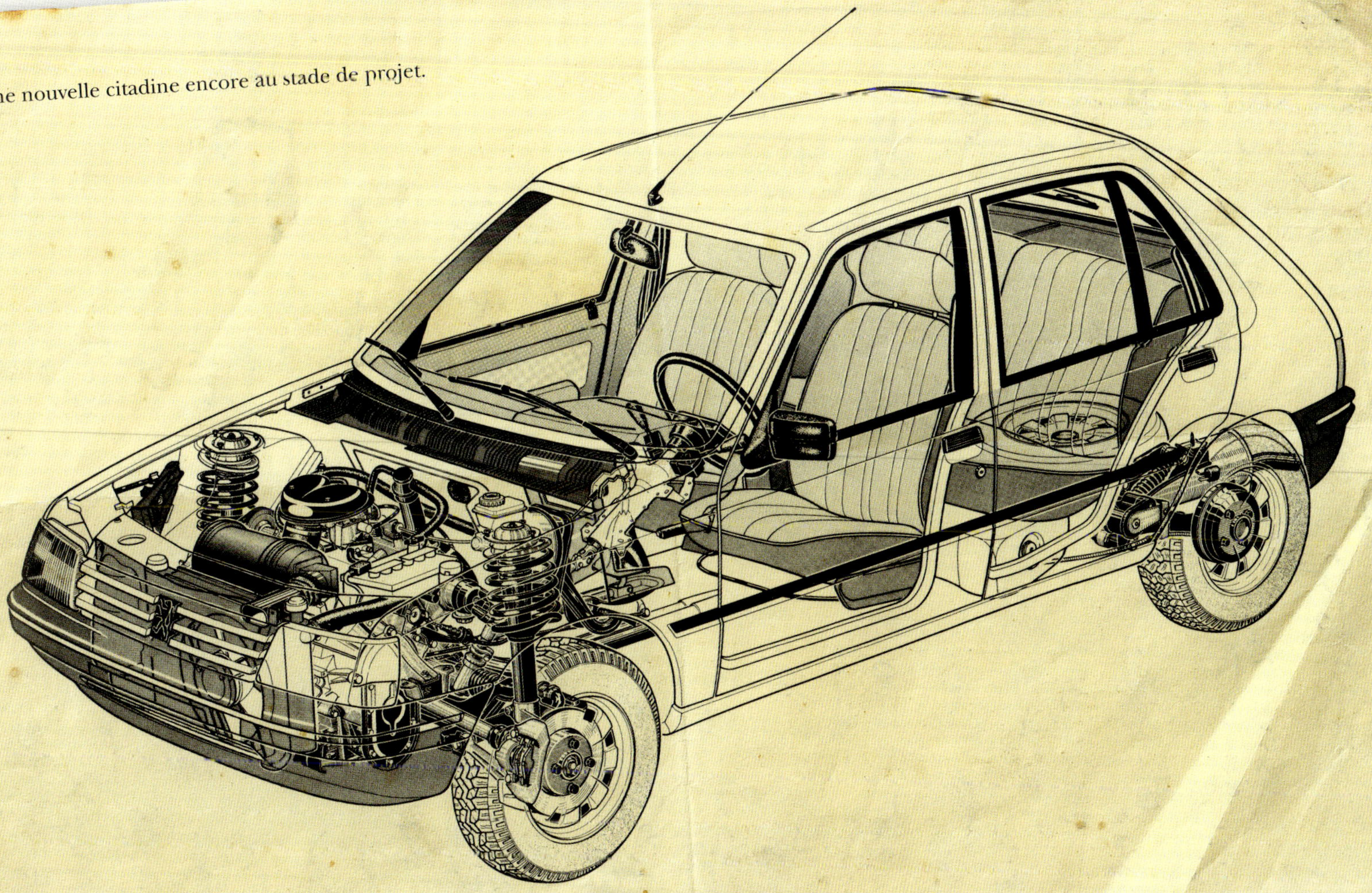

Le lion rugit à nouveau !

Quand la petite lionne est présentée au public le 24 octobre 1983, le coup de foudre est immédiat. Ses lignes sont dynamiques et autrement plus séduisantes que ses rivales d'alors. Comme le vante son slogan publicitaire, c'est « un sacré numéro » au sens propre comme au figuré.

La reconquête du marché des citadines est en marche. Peugeot suit une politique de développement de la 205 et mise sur la production directe de huit versions avec cinq choix de motorisation, dont un diesel.

Sous sa robe se cachent des choix techniques intelligents avec des suspensions arrières à barres de torsion, ce qui permet d'obtenir un habitacle plus vaste, et sa roue de secours placée sous le plancher du coffre. Son réservoir de 50 l lui permet de jouer les grandes voyageuses. Son design intérieur est novateur – même si ses futurs clients seront un peu plus tard déçus par la qualité des plastiques –, grâce au travail exemplaire du styliste Paul Bracq.

La 205 sur sa chaîne de montage à l'usine Peugeot de Mulhouse (1984).

Des versions savamment orchestrées par le biais de campagnes publicitaires qui ont marqué les esprits.

Elle a tout d'une grande

La 205 est proposée avec deux types d'instrumentation en fonction de son niveau de gamme. Lors de ses premiers essais routiers, la petite Peugeot étonne avec une tenue de route à toute épreuve, un freinage efficace, et s'avère dotée de performances inédites dans un segment en pleine expansion dont la star jusque-là incontestée était la Golf Volkswagen.

Parmi la gamme des 205, l'une des plus citées est la version diesel, championne de l'économie avec une consommation de 3 l de gazole au cent seulement et un rendement moteur qui n'a rien à envier aux modèles essence.

LES « FINLANDAIS VOLANTS »

Vice-champion du monde des pilotes de rallye en qualité de copilote aux côtés de Guy Fréquelin en 1981, Jean Todt se voit confier en 1982 la direction de l'entité Peugeot Talbot Sport par le président de la marque, Jean Boillot. Ce fin stratège met ses talents à profit et devient le maître d'œuvre de la Peugeot 205 Turbo 16. Cette 205 de course va révolutionner le monde des rallyes et remporter trois victoires la première année avec ceux que l'on surnomme les « Finlandais volants », les pilotes Ari Vatanen, Timo Salonen et Juha Kankkunen. Peugeot peut dès lors se vanter de dominer la marque allemande Audi en remportant également deux titres constructeurs en 1985 et 1986, et deux titres pilotes avec Salonen et Kankkunen. Quant à Ari Vatanen, en 1987, il gagne le Rallye-Raid Paris-Dakar avec une version Grand Raid de la Turbo 16. Kankkunen lui succédera en 1988.

La 205 Pikes Peak, 550 chevaux pour 850 kg, la voiture la plus puissante de son époque pour la célèbre course de côte dans le Colorado, aux États-Unis.

La Peugeot 205 Turbo 16 affiche un palmarès impressionnant en compétition avec deux titres de Champion du monde des rallyes en 1985 et 1986, ainsi que deux victoires sur le Paris-Dakar en 1987 et 1988.

La reine incontestée : la 205 GTI

Forte de son identité sportive avec ses succès en rallye, Peugeot propose en 1984 à sa jeune clientèle la mythique 205 GTI, concurrente directe de la fameuse Golf GTI.

L'ère des petites voitures à vocation sportive est la tendance du moment. Mise sur le marché avec un moteur de 1600 cm³, elle est rapidement disponible dans une version plus musclée de 1900 cm³ avec 130 CV. Ses accélérations sont foudroyantes ! Ces deux variantes seront produites à près de 300 000 exemplaires.

Après seize ans de bons et loyaux services, la 205 a rempli sa mission : elle a ouvert à Peugeot la route du succès. À raison d'une nouveauté tous les six mois, elle sera produite à 5 278 050 exemplaires. En 1998, celle qui restera mythique est remplacée par la 206, qui a la lourde tâche de faire aussi bien, si ce n'est mieux.

En 1989, la 205 Cabriolet série spéciale est développée en partenariat avec Roland-Garros. Une histoire qui dure…

Les monospaces, le confort avant tout !

Vision moderne des années 1980, le monospace figure un nouveau mode de vie prônant le voyage, la découverte de nouveaux territoires, ainsi que le besoin naissant de se déplacer dans un cocon, un second chez-soi, en famille. C'est la fin d'une époque où s'entasser dans une voiture au confort spartiate est révolu.

La réponse à de nouvelles attentes

L'idée d'un véhicule « minivan » provient des États-Unis, où un voyage au long cours peut durer plusieurs jours. Cette situation, le constructeur Chrysler l'a bien comprise et décide de proposer un moyen de locomotion confortable, spacieux et modulable. Ce sera le Chrysler Voyager. Quelques mois plus tard, le Renault Espace vient compléter ce nouveau segment d'automobiles en France. Avec ses formes futuristes, le monospace va rapidement séduire une large clientèle pour laquelle la vitesse n'est plus une priorité. Pour répondre aux nouvelles attentes de la société moderne, la voiture prend des airs d'habitation : tandis que les enfants peuvent regarder la télé tranquillement installés sur des sièges arrières verticaux d'un confort absolu, les parents, eux, peuvent déguster quelques boissons aux places avants grâce aux multiples rangements comprenant parfois un petit réfrigérateur.

Le projet Matra P17 (1980).

Le précurseur, le Fiat 600 Multipla (1957).

À l'origine, Matra Automobiles

À la tête de l'entreprise Matra de Romorantin, Philippe Guédon produit dans les années 1970 deux voitures atypiques réputées : la Matra Bagheera et la Rancho. Visionnaire et au fait de l'évolution du monde automobile, il a pour ambition d'adapter le « van » américain à un véhicule européen pouvant transporter une famille nombreuse, jusqu'à 7 personnes – une prestation qu'un break ne peut offrir. À l'ombre des regards, dans son bureau d'études, son projet prend peu à peu forme...

S'associer à un grand constructeur devient une évidence pour le PDG de Matra, le marché potentiel d'un tel véhicule nécessitant une production en série. Il effectue ses premières démarches auprès du groupe PSA (Peugeot-Citroën), qui approuve ce nouveau concept malgré quelques demandes d'ajustements au niveau de sa conception. Mais après plusieurs prototypes convaincants, PSA fait marche arrière, l'investissement du rachat de la branche européenne de Chrysler ne leur permettant pas la finalisation de ce nouveau programme de voiture familiale. C'est finalement la Régie Renault qui reprend les rennes de ce projet et signe un accord avec Matra Automobiles en 1982. De cette union va naître le monospace, un phénomène qui va connaître plusieurs générations de modèles et rapidement dépasser le million d'exemplaires vendus.

Pourquoi préférer le train quand on peut voyager en Renault Espace ?

Le Renault Espace, une nouvelle philosophie…

Le terme « monospace » doit ses origines à la marque Renault qui commercialise le premier véhicule monocorps fabriqué en France en 1984. Historiquement, il faut cependant rappeler le Fiat 600 Multipla, conçu en 1957 par le constructeur italien, qui fut le premier en Europe à produire un van surnommé « le minispace ».
Si ce dernier est petit de par sa taille et peu volumineux, il offre tout de même déjà six places sur trois rangées. À l'étroit, les passagers ne peuvent songer à parcourir de longues distances à bord, mais ce modèle n'en demeure pas moins d'un style très sympathique. Les concepteurs du Renault Espace ont, eux, mis l'accent sur la modularité de son habitacle, avec une priorité : conserver les lignes d'une automobile classique, voire même d'un train à grande vitesse.

… pour une voiture à vivre

Ses sièges sont démontables, ce qui permet de le transformer en utilitaire et son volume de coffre s'agrandit selon le nombre de passagers à bord – l'une des clés de son succès.
La concurrence française va attendre jusqu'en 1994 pour se mettre enfin à chasser sur les terres de l'Espace. Dans un premier temps, Citroën et Peugeot formeront une alliance avec les constructeurs Fiat et Lancia pour diffuser un monospace reprenant les mêmes idées de base pensées par Renault, qui peut se vanter d'avoir ouvert une voie dans un segment en pleine expansion où tous les constructeurs généralistes ne vont pas tarder à s'engouffrer. À l'image de Ford et Volkswagen qui se lancent finalement également à la conquête des familles nombreuses.

Le monospace compact, l'équation idéale

C'est un paradoxe, mais il mérite d'être souligné. La saga du Renault Espace s'est vue menacée par l'apparition de son « petit frère », le Scénic, en 1996. Celui-ci se veut plus agile dans la circulation, plus facile à garer avec son empattement réduit, plus économique aussi. Il peut loger autant de passagers et surtout, il est plus accessible financièrement. Depuis les années 1990, les monospaces classiques ne cessent de proposer des équipements de plus en plus onéreux et des mécaniques aux performances équivalentes aux berlines. La clientèle issue de la classe moyenne n'approuve pas cette débauche d'arguments luxueux, un sentiment renforcé par l'apparition des véhicules tout-terrain qui offrent ces mêmes prestations de grandeur et de démesure. Si le monospace demeure, il perd cependant de sa superbe. Trop gros, trop lourd, trop cher, il est pourtant toujours bien présent sur nos routes, peut-être à quelques kilomètres d'une retraite programmée. Il est loin le temps où le « chouchou » des constructeurs était considéré comme révolutionnaire…

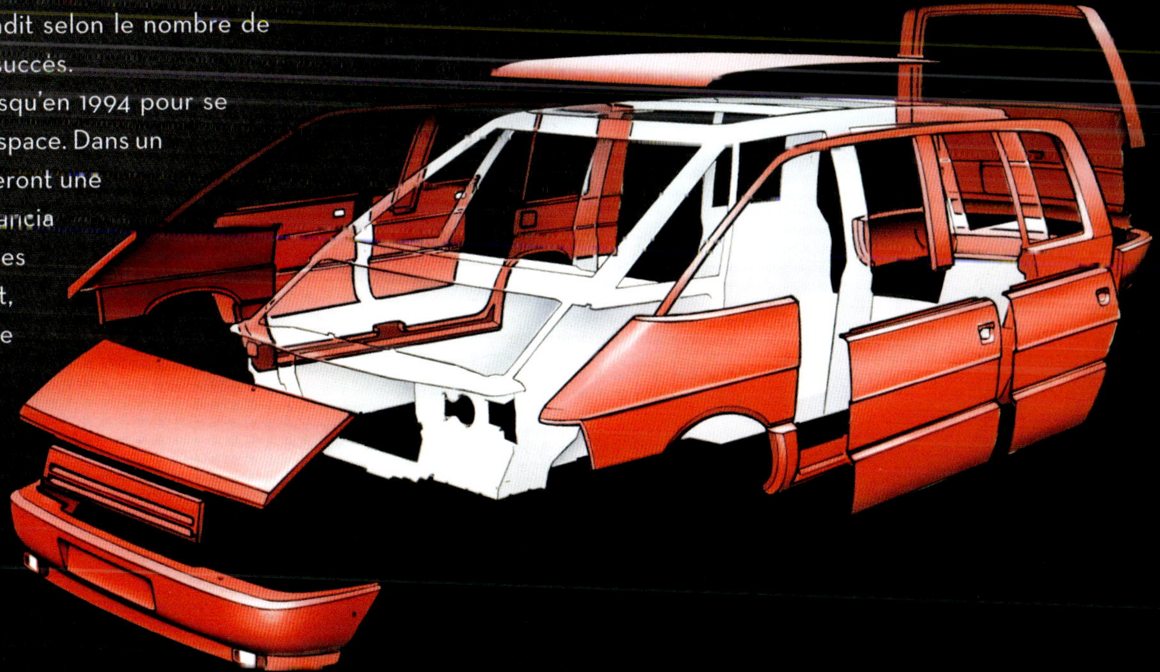

Le concept car, à la recherche de la voiture de demain !

Grâce à l'imagination de ses ingénieurs et de ses inventeurs, l'automobile est, depuis sa création au XIXe siècle, une véritable source d'innovations technologiques qui est loin de se tarir.

La Citroën Citela, un véhicule urbain électrique et modulable (1992).

« Prototype » ou « concept car » ?

Par définition, un prototype est réalisé dans le but d'être ensuite destiné à la commercialisation. Il s'agit d'une voiture « laboratoire » sur laquelle toutes les solutions techniques sont réalisées et confirmées par des essais de fiabilité, afin de savoir si le châssis est en accord avec la motorisation, si le design de la voiture répond positivement aux attentes escomptées aussi bien visuellement qu'aérodynamiquement parlant.

Le terme de « concept car », arrivé plus tardivement, a été institué par les constructeurs pour imaginer le futur de l'automobile et pousser à l'extrême des idées novatrices, dans un objectif purement technique et parfois marketing. Ce projet n'est pas destiné à la commercialisation, son objectif est ailleurs : démontrer les capacités d'ingéniosité d'une marque. Souvent exposé dans les salons, il est la vitrine d'un certain savoir-faire, que l'on pourra retrouver dans les futurs modèles, et préfigure également l'orientation stylistique d'un constructeur. Son seul point commun avec le prototype réside dans la volonté affichée de concevoir un véhicule unique.

Évoluer encore et toujours

Très vite, les constructeurs ont assimilé le long et fastidieux processus de mise en circulation d'une voiture, qui passe obligatoirement par l'élaboration d'un minutieux cahier des charges rempli de critères essentiellement centrés sur la sécurité et la fiabilité. La réussite commerciale de chaque modèle en dépend.

Mais à partir des années 1970, ce cahier des charges se voit augmenté et la voiture se voit confier d'autres objectifs tels qu'apporter des solutions aux problèmes environnementaux, faciliter la conduite, améliorer les performances et apporter à son conducteur de nouvelles options en matière d'interactivité, d'ergonomie et de design.

La Peugeot Quasar, un concept racé et futuriste élaboré en 1984.

Une source d'inspiration

Chez Peugeot, le premier concept car, la 402NX, est imaginée par Jean Andreau, ingénieur des Arts et Métiers en 1936, avec le concours du styliste « maison » Henri Thomas. Une maquette à échelle réduite a permis d'apporter à cette voiture des lignes aérodynamiques pensées selon de savantes réalités scientifiques. La 402 est ensuite assemblée et testée entre les mains du pilote Charles de Cortanze.
Six modèles seront nécessaires pour obtenir la version la plus aboutie, qui tient plus du concept que du prototype, du fait de son aileron arrière pour le moins atypique. Hélas, la Seconde Guerre Mondiale va stopper le développement de ce véhicule futuriste.
En 1984, la marque au lion réitère et présente au Salon de l'Automobile sa version du concept car moderne baptisée « Quasar », dont l'objectif est de convaincre le public du dynamisme, du savoir-faire et de l'audace stylistique du constructeur français. À l'image d'un vaisseau de science-fiction, la Quasar est pourvue d'un toit panoramique et de formes acérées. Comble du modernisme (des années 1980), elle est équipée d'un Télétel (du nom du réseau informatique français utilisé par le Minitel) et son moteur développe 600 chevaux, malheureusement inexploitables au quotidien.

Prototype du monospace compact Renault Scénic (1991).

Une image virtuelle de l'avenir

Bien souvent, ces concepts paraissent tout droit sortis d'une bande dessinée futuriste. En 1991, le Scénic de Renault ne ressemble en rien aux monospaces alors en plein essor. Il est compact et son agencement intérieur est modulable à souhait. En 1996, sa version définitive avec des lignes plus conventionnelles est commercialisée avec un habitacle s'inspirant fortement du projet initial.
En 1992, lors de l'Exposition universelle de Séville, le pavillon français a vanté les mérites d'un concept car écologique répondant au doux nom de « Citela ». L'opinion publique est alors loin d'imaginer qu'un constructeur majeur comme Citroën travaille sur des énergies alternatives avec une petite citadine fonctionnant à l'électricité...
De nos jours, ces voitures exceptionnelles sont parfois exposées dans des salons dédiés et suscitent toujours autant la curiosité et l'intérêt du public et des journalistes quant aux futurs projets des constructeurs.

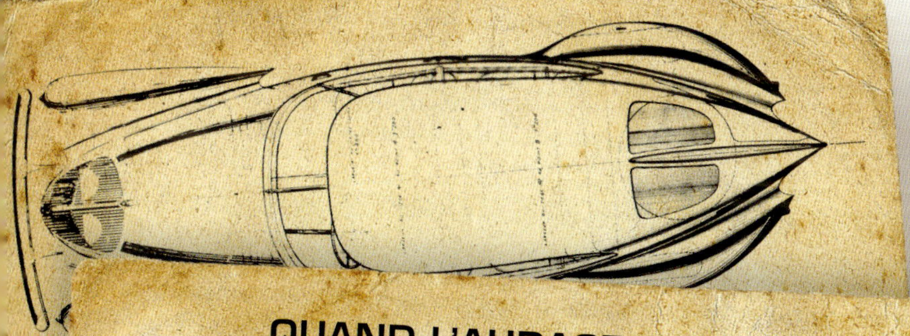

QUAND L'AUDACE REJOINT LA TECHNOLOGIE

Au sein d'un bureau spécialisé, une forte émulation entre des designers et des ingénieurs se concentre autour d'un projet, des dessins sont réalisés à la main, concrétisés à l'aide d'un ordinateur suivant une représentation en 3D pour les concepts les plus modernes.
Le projet est ensuite réalisé à l'échelle 1, grandeur nature, en argile synthétique ou auparavant en fibre de résine et parfois en acier pour les plus anciens. On ne parle plus alors de fabrication mais de création. Vient ensuite le moment des critiques et des retouches, car si la voiture est parfaitement réaliste dans sa forme extérieure et intérieure, les designers concrétisent les galbes à la main et tentent parfois ce qui ne semble pas réalisable du point de vue esthétique suivant les contraintes aérodynamiques.

Un détail qui a son importance : le fameux aileron arrière aérodynamique de la 402, un prototype réalisé en 1936.

Quel avenir pour l'automobile ?

Après plus d'un siècle d'existence, la voiture occupe aujourd'hui une place importante dans notre société. Si son utilité ne peut être remise en cause, l'automobile est de plus en plus souvent décriée pour la pollution qu'elle peut engendrer.

Dans l'œil du cyclone

Si l'automobile incarne le rêve de se déplacer toujours plus vite et toujours plus loin, aujourd'hui, cette forme de liberté doit s'exprimer à travers une mutation inéluctable de ce moyen de transport le plus utilisé dans le monde. Désormais, la notion de respect de l'environnement et un comportement « éco-responsable » ne peuvent plus être ignorés. La mobilité se veut écologique, comme l'illustre le surprenant regain de succès du vélo !

Accusée de tous les maux, l'automobile tente, elle, de s'adapter à cette tendance par le biais de motorisations à faible, voire à aucun rejet polluant. Auparavant symbole de la modernité, les constructeurs font de nos jours preuve d'ingéniosités technologiques pour lui donner un second souffle. Au grès de la mode, des rééditions de modèles phares du passé ressurgissent dans des versions plus modernes, plus économiques et respectueuses de l'écosystème. La course à la puissance n'est plus, place à la raison, au risque d'omettre la passion…

La DS Aero Sport Lounge (2020), un SUV 100% électrique de 680 CV.

LES PISTES À SUIVRE

Dans le futur, de nouvelles technologies plus performantes seront développées et permettront de réduire la pollution. Si le moteur à hydrogène a un potentiel certain pour répondre aux attentes des usagers, les pouvoirs publics étudient également d'autres propositions comme celle de voitures électriques équipées de batteries plus faciles à recycler.

En 2015, le ministère de l'Écologie a instauré un bonus de 10 000 euros pour tout achat d'une voiture électrique en échange d'un ancien véhicule Diesel. Mais ce coup de pouce financier a été revu à la baisse au fil des ans au profit d'un décret plus restrictif concernant les grandes agglomérations. Ainsi, des zones dites « ZFE » (« zones à faibles émission ») ont vu le jour avec le dispositif de vignettes « Crit'Air » classées de 1 à 5 suivant les rejets de pollution de CO_2, l'année et la puissance fiscale des voitures.

À l'avenir, des dispositifs encore plus contraignants risquent de voir le jour, tels que des péages urbains comme à Londres ou l'obligation de se déplacer avec les transports publics…

Eclectic de Venturi, le premier véhicule automobile autonome (2006).

Bienvenue à bord du Renault Morphoz (2020), où le volant a disparu au profit d'un écran permettant aussi bien la conduite manuelle qu'autonome.

Vivre l'automobile autrement

Chaque conducteur est concerné par la recherche sur les énergies renouvelables. Avec et dans sa voiture, il est de plus en plus connecté ; l'univers du multimédia le plonge dans une conduite assistée et lui permet d'accéder à certains services comme le GPS, l'état du trafic routier, les courriels et SMS.

La voiture est devenue un vaste ordinateur capable de rendre la conduite plus sûre, en offrant par exemple la détection des angles morts dans les rétroviseurs, un régulateur de vitesse adaptatif grâce à des capteurs radars. D'ici cinq à dix ans, toucher un volant pourrait bien devenir obsolète. Le pilotage automatique n'est pas un rêve, le dernier projet en date est déjà en test et permettrait de réduire l'accidentologie de 40 %.

Un nouveau challenge

L'enjeu est de taille : réduire d'au moins 20 % les émissions de gaz à effet de serre, l'automobile étant principalement concernée à cause de ses rejets de CO^2 dans l'atmosphère. En France, environ 7 % des particules nocives proviennent du trafic routier. Si ce pourcentage peut paraître faible du fait que ce mode de transport est le plus utilisé et par toutes les classes sociales, l'automobile reste cependant une cible prioritaire dans le viseur des pouvoirs publics, qui s'appuient sur des chiffres pour le moins évocateurs. En 2013, l'Hexagone compte près de 40 millions de voitures. Un Français consacre en moyenne chaque jour 16 euros aux dépenses globales de son véhicule (assurance, carburant, entretien), soit 5 705 euros par an. Il effectue environ 10 000 km par an et 40 % de ses trajets quotidiens font moins de 2 km, ce qui génère deux fois plus de pollution en milieu urbain.

Face à un parc automobile en constante progression, les embouteillages en zone urbaine se multiplient et ces derniers ont un prix : 17 milliards d'euros par an (en additionnant les coûts directs de carburant et de temps perdu). Devant une prise de conscience générale et des normes antipollution de plus en plus drastiques, des énergies alternatives voient timidement le jour, comme les voitures hybrides (moteur + batteries) et électriques. Fin 2019, près de 200 000 voitures électriques et hybrides circulent en France, soit près de 10% du marché de l'automobile.

La Renault ZOE 2 (2019) : un nouveau design, une nouvelle motorisation et une autonomie de près de 400 km.

Un éternel recommencement

À force de trop de contraintes et d'obligations, le risque n'est-il pas de perdre le plaisir de conduire ? Cette problématique pourrait peut-être expliquer pourquoi les « vieilles gloires » d'antan connaissent aujourd'hui un regain d'intérêt et pourquoi les prix flambent pour les modèles rares. La dernière tendance des collectionneurs et des puristes consiste à se démarquer avec des « youngtimer », ces voitures des années 1980 et 1990, aux lignes plus marquées, moins consensuelles que la production actuelle, dépourvues d'assistance et d'électronique. Un retour aux sources en quelque sorte avec ses sensations à l'état pur, un brin de nostalgie, un refus de la modernité. Face à l'évolution des mentalités, l'automobile se doit d'évoluer afin de correspondre à nos idéaux et à nos modes de vies. Gageons qu'après plus d'un siècle d'existence, elle saura s'adapter *ad vitam aeternam* à notre ligne de conduite !

Crédits photographiques

p. 1 : Ph. Coll. Archives Larousse ; p. 2 : de ht en bas et de d à g : Ph. © Renault Communication - Droits réservés ; Ph. © L'Aventure Peugeot ; Ph. © Renault Communication ; Ph. © Renault Communication – DR ; p. 3 : de ht en bas de g à d : Ph. © Venturi Automobiles ; Ph. Coll. Archives Larousse ; Ph. © Citroën Communication/DR ; p. 4 et 5 : Cité de l'Automobile, Mulhouse/ Ph. O. Ploton © Archives Larousse ; p. 6 : de bas en haut de g à d : Ph. O. Ploton / Archives Larousse-DR ; Ph. © L'Aventure Peugeot ; Ph. © Renault Communication/ Photothèque ; p. 7 : Ph. © Citroën Communication ; Ph. © PGO Automobiles ; p. 8 : Cité de l'Automobile, Mulhouse/ Ph. O. Ploton © Archives Larousse ; p. 9 ht : Ph. © Bianchetti/Leemage ; p. 9 bas : Ph. © Lee/Leemage ; p. 10 ht : Ph. © DR ; bas : Cité de l'Automobile, Mulhouse/ Ph. O. Ploton © Archives Larousse ; p. 11 : Cité de l'Automobile, Mulhouse/ Ph. O. Ploton © Archives Larousse ; p. 12 ht : Ph. © DR ; bas : Cité de l'Automobile, Mulhouse/ Ph. O. Ploton © Archives Larousse ; p. 13 ht : Cité de l'Automobile, Mulhouse/ Ph. O. Ploton © Archives Larousse ; m g : Fotolia.com©N-Photos ; bas : Ph. © Heritage Images/Leemage ; p. 14 ht : Ph. O. Ploton © Archives Larousse ; 14 bas : Ph. © SSPL/Leemage ; p. 15 ht : Ph. Jeanbor © Archives Larbor ; bas : Cité de l'Automobile, Mulhouse/ Ph. O. Ploton © Archives Larousse ; fac-similé : Ph. © Heritage Images/Leemage ; p. 16 ht : Cité de l'Automobile, Mulhouse/ Ph. O. Ploton © Archives Larousse ; bas g Ph. © Akg-images/Interfoto/TV-Yesterday ; d : Ph. Coll. Archives Larousse ; p. 17 ht g : Ph. © Roger-Viollet ; d : Cité de l'Automobile, Mulhouse/ Ph. O. Ploton © Archives Larousse ; p. 18 ht d : Ph. © Archives Larousse ; bas : Ph. Coll. Archives Larbor ; p. 19 ht : Ph. © DR ; m g : Ph. © DR ; m d : Ph. Coll. Archives Larousse © Michelin – DR ; p. 20 m d : Ph. © DR ; b g : Cité de l'Automobile, Mulhouse/ Ph. O. Ploton © Archives Larousse ; p. 21 ht : Cité de l'Automobile, Mulhouse/ Ph. O. Ploton © Archives Larousse ; bas g : Ph. © Archives Larbor ; bas d : Ph. O. Ploton / Archives Larousse-DR ; p. 22 ht : Ph. O.Ploton © Archives Larousse – DR ; b : Cité de l'Automobile, Mulhouse/ Ph. O. Ploton © Archives Larousse ; p. 23 : Cité de l'Automobile, Mulhouse/ Ph. O. Ploton © Archives Larousse ; Fac-similés: Ph. O. Ploton © Archives Larousse ; p. 24 ht d : Ph. © DR ; m : Cité de l'Automobile, Mulhouse/ Ph. O. Ploton © Archives Larousse ; bas : Ph. © L'Aventure Peugeot ; p. 25 ht : Ph. © L'Aventure Peugeot ; b : Cité de l'Automobile, Mulhouse/ Ph. O. Ploton © Archives Larousse ; p. 26 : Ph. Collection des Archives Historiques de l'Automobile Club de France ; p. 27 ht :Ph. Collection des Archives Historiques de l'Automobile Club de France ; bas : Ph. Collection des Archives Historiques de l'Automobile Club de France ; fac-similé: Ph. O. Ploton © Archives Larousse ; p. 28 ht d : Ph. © Bibliothèque Forney/Roger-Viollet ; bas : Ph. © Rue des Archives/Tallandier ; p. 29 : Ph. Coll. Archives Larousse ; p. 30 ht : Ph. Coll. O. Ploton/Archives Larousse- DR ; bas : Ph. © Gusman/Leemage ; p. 31 ht : Ph. © Roger-Viollet ; bas : Ph. © Renault Communication – DR ; p. 32 ht d : Ph. © Médiathèque Renault - Renault Communication - Droits réservés ; bas g : Cité de l'Automobile, Mulhouse/ Ph. O. Ploton © Archives Larousse ; p. 33 ht et m : Cité de l'Automobile, Mulhouse/ Ph. O. Ploton © Archives Larousse ; bas : Ph. © Ph. © Médiathèque Renault - Renault Communication - Droits réservés ; p. 34 ht d : Cité de l'Automobile, Mulhouse/ Ph. O. Ploton © Archives Larousse ; bas d : Ph. © Médiathèque Renault - Renault Communication - Droits réservés ; bas g : © Médiathèque Renault - Renault Communication - Droits réservés ; p. 35 ht : Ph. © Médiathèque Renault - Renault Communication - Droits réservés ; m et bas : Cité de l'Automobile, Mulhouse/ Ph. O. Ploton © Archives Larousse ; p. 36 : Ph. O. Ploton © Archives Larousse ; p. 37 ht ; Ph. © DR ; m : Ph. Collection des Archives Historiques de l'Automobile Club de France ; p. 38 ht d : Ph. © DR ; bas : Ph. Coll. Archives Larousse ; p. 39 : fac-similé : Ph. O. Ploton/Archives Larousse- DR ; ht : Ph. O. Ploton © Archives Larousse ; bas : Ph. Jeanbor © Archives Larbor – DR ; p. 40 : Cité de l'Automobile, Mulhouse/ Ph. O. Ploton © Archives Larousse ; ht d : Cité de l'Automobile, Mulhouse/ Ph. O. Ploton © Archives Larousse ; p. 41 ht g : Ph. © Farabola/ Leemage ; ht d : Ph. © Farabola/Leemage ; bas : Cité de l'Automobile, Mulhouse/ Ph. O. Ploton © Archives Larousse ; p. 42 ht : Ph. © Heritage Images/Leemage ; m et bas : Cité de l'Automobile, Mulhouse/ Ph. O. Ploton © Archives Larousse ; p. 43 ht : Cité de l'Automobile, Mulhouse/ Ph. O. Ploton © Archives Larousse ; m : Ph. © Heritage Images/Leemage ; bas : Cité de l'Automobile, Mulhouse/ Ph. O. Ploton © Archives Larousse ; fac-similé : Ph. © Collection IM/Kharbine-Tapabor ; p. 44 ht d et 45 : Ph. © Roger-Viollet ; p. 44 bas g : Affiche de Robert Falcucci. Ph. Coll. Archives Larousse © ADAGP, Paris 2015 : 44 bas d et 45 : Ph. © Delius/ Leemage ; p. 45 ht : Ph. © National Motor Museum/Heritage Images/Leemage ; p. 46 ht d : Ph. © Renault Communication/ Photothèque ; bas g : Ph. © Olivier Anrigo/Presse-Sports ; Fac-similé : Affiche de 1912. Ph. O. Ploton © Archives Larousse ; p. 47 bas : Ph. © L'Aventure Peugeot ; p. 48 ht : Ph. Library of Congress, Washington ; bas : Ph. © Peter Mah/Thinkstock ; p. 49 ht : Ph. © Heritage Images/Leemage ; bas : Ph. Coll. Archives Larbor ; p. 50 ht : Ph. © Citroën Communication – DR ; bas : Cité de l'Automobile, Mulhouse/ Ph. O. Ploton © Archives Larousse ; p. 51 ht : Ph. © Citroën Communication/Citroën Heritage ; bas : Ph. © Citroën Communication/Georges Guyot ; p. 52 et 53 ht : Ph. © Selva/Leemage ; p. 52 m et bas : Cité de l'Automobile, Mulhouse/ Ph. O. Ploton © Archives Larousse ; p. 53 ht d : Ph. © Heritage Images/Leemage ; bas : Cité de l'Automobile, Mulhouse/ Ph. O. Ploton © Archives Larousse ; fac-similé : affiche officielle des 24h du Mans de Beligond, 1962. Ph. O. Ploton © Archives Larousse © Beligond – DR ; p. 54 ht : Ph. © L'Aventure Peugeot ; bas g : Ph. © Selva/Leemage ; p. 55 : Ph. © L'Aventure Peugeot ; p. 56 ht : Ph. Coll. Archives Larousse ; m et bas : Cité de l'Automobile, Mulhouse/ Ph. O. Ploton © Archives Larousse ; p. 57 ht : Ph. Coll. Archives Larousse ; bas : Ph. Coll. Archives Larousse ; p.58 ht : Ph. © Médiathèque Renault - Renault Communication - Droits réservés. © ADAGP, Paris 2015 ; m et bas : Cité de l'Automobile, Mulhouse/ Ph. O. Ploton © Archives Larousse ; p. 59 ht : Ph. © Médiathèque Renault - Renault Communication - Droits réservés ; bas : Cité de l'Automobile, Mulhouse/ Ph. O. Ploton © Archives Larousse ; p. 60 ht : Ph. © Médiathèque Renault - Renault Communication - Droits réservés ; bas : Cité de l'Automobile, Mulhouse/ Ph. O. Ploton © Archives Larousse ; p. 61 ht : Ph. © Médiathèque Renault - Renault Communication - Droits réservés ; bas Ph. © Médiathèque Renault - Renault Communication - Droits réservés ; fac-similé : Ph. O. Ploton/ Archives Larousse-DR ; p. 62 : Ph. © Maurice-Louis Branger/Roger-Viollet ; p. 63 ht : Ph. Moreau © Archives Larousse ; bas : Ph. Michel Didier © Archives Larbor ; p. 64 ht : *Le Bon et les Méchants* de Claude Lelouch avec Jacques Villeret et Jacques Dutronc. Ph. Prod DB © Films 13/DR ; p. 64 bas : Ph. © Citroën Communication/ DR ; p. 65 ht : Ph. © Citroën Communication/ DR ; bas Ph. © Selva/ Leemage ; p. 66 ht : Ph. © Citroën Communication - DR ; bas g : Ph. Coll. Citroën Communication © Goerger ; bas d : Dessin Alain Bertrand - Archives Larousse ; p. 67 : Cité de l'Automobile, Mulhouse/ Ph. O. Ploton © Archives Larousse ; p. 68 ht : Ph. Coll. Citroën Communication - DR ; bas : Cité de l'Automobile, Mulhouse/ Ph. O. Ploton © Archives Larousse ; p. 69 ht : Jean Girault, *Le Gendarme en balade.* Ph. © Prod DB © SNC - Mega Film/DR ; bas : Ph. Coll. Citroën Communication © Agence RSCG ; fac-similé : Ph. O. Ploton/Archives Larousse - DR ; p. 70 ht : Peter Falk dans la série *Columbo.* Ph. © United Archives/Leemage-DR ; bas : Cité de l'Automobile, Mulhouse/ Ph. O. Ploton © Archives Larousse ; p. 71 ht : Ph. © L'Aventure Peugeot ; fac-similé : Ph. © L'Aventure Peugeot ; p. 72 ht d : Ph. O. Ploton © Archives Larousse ; m et bas : Cité de l'Automobile, Mulhouse/ Ph. O. Ploton © Archives Larousse ; p. 73 : Cité de l'Automobile, Mulhouse/ Ph. O. Ploton © Archives Larousse ; p. 74 : Ph. Collection des Archives Historiques de l'Automobile Club de France ; m et bas : Cité de l'Automobile, Mulhouse/ Ph. O. Ploton © Archives Larousse ; p. 75 ht : Cité de l'Automobile, Mulhouse/ Ph. O. Ploton © Archives Larousse ; bas : Ph. © MP/Portofolio/Leemage ; p. 76 et 77 : Cité de l'Automobile, Mulhouse/ Ph. O. Ploton © Archives Larousse ; p. 77 ht d : Ph. © Citroën Communication/DR ; bas d : Ph. © Citroën Communication/DR ; p. 78 ht : Ph. Coll. Citroën Communication © Beauvais ; bas : Ph. © Citroën Communication/DR ; fac-similé : Ph. © Citroën communication/Citroën Heritage ; p. 79 ht : Ph. © Keystone-France ; bas : Ph. © Gusman/Leemage ; p. 80 bas g : Cité de l'Automobile, Mulhouse/ Ph. O. Ploton © Archives Larousse ; p. 80-81: Ph. © Renault Communication - DR ; p. 81 ht : Ph. © Renault Communication - DR ; bas : Ph. © Renault Communication - DR ; p. 82-83 : Cité de l'Automobile, Mulhouse/ Ph. O. Ploton © Archives Larousse ; p. 84 ht : Ph. © L'Aventure Peugeot-DR ; p. 85 ht : Ph. © Musée de l'Aventure Peugeot, Sochaux-DR ; bas : Ph. © L'Aventure Peugeot-DR ; p. 86 m d : Ph. © Renault Communication - DR ; bas g : Cité de l'Automobile, Mulhouse/ Ph. O. Ploton © Archives Larousse ; p. 87 ht d : Cité de l'Automobile, Mulhouse/ Ph. O. Ploton © Archives Larousse ; bas g : Ph. © Renault Communication - DR ; p. 88 ht : Ph. © Publicis - RNUR ; bas Ph. © Renault Communication - DR ; p. 89 ht g : Ph. © Renault Communication - DR ; bas : Ph. O.Ploton/Archives Larousse. © Publicis ; fac-similé : Ph. © Collection Kharbine-Tapabor ; p. 90-91 ht : Cité de l'Automobile, Mulhouse/ Ph. O. Ploton © Archives Larousse ; p. 90 bas g : Ph. © Publicis ; bas d : Ph. © Publicis ; p. 91 m : Ph. © Renault Communication - DR ; p. 92 m : Ph. © L'Aventure Peugeot : bas g : Cité de l'Automobile, Mulhouse/ Ph. O. Ploton © Archives Larousse ; p. 93 : Ph. © L'Aventure Peugeot ; p. 94 ht : Ph. © Citroën Communication/Lamanda/Georges Guyot/Eric Vivier ; bas : Ph. © Citroën Communication/Georges Guyot : p. 95 ht : Ph. Coll. Citroën Communication © Agence RSCG ; m d : Ph. © Citroën Communication/Georges Guyot ; p. 96 : Ph. © Nick Clements ; p. 97 ht : Ph. © Roger-Viollet ; bas : Ph. © Presse-Sports ; p. 98 m g : Ph. © DR ; bas : Ph. © PGO Automobiles ; p. 99 ht : Ph. © Venturi Automobiles ; bas : Ph. © DR ; p. 100 et 101: Ph. © Renault Communication - Droits réservés ; p. 100 m : Ph. © Renault Communication - Droits réservés : bas : Ph. © Renault Communication- Droits Réservés ; p. 101 bas : Ph. © Publicis ; p. 102 ht : Ph. © Renault Communication - Droits réservés ; p. 103 ht d : Ph. © Gamma Rapho ; bas :Ph. © Keystone-France ; fac-similé : Ph. O. Ploton © Archives Larousse- DR ; p. 104 m g : Ph. © Citroën Communication - DR ; bas d : Ph. Citroën Communication - DR : p. 105 ht : Ph. Citroën Communication © RSCG ; bas : © Editechnic ; p. 106 : Ph. © L'Aventure Peugeot ; p. 107 ht : Ph. © DR ; bas : Ph. © L'Aventure Peugeot ; p. 108 m : Ph. © Renault Communication - DR ; bas Ph. © Keystone-France ; p. 109 ht : Ph. © Presse-Sports ; bas : Ph. © Presse-Sports ; p. 110 ht : Ph. © Presse-Sports ; bas : Ph. © Presse-Sports ; p. 111 ht : Ph. © Presse-Sports ; bas Ph. © Presse-Sports ; fac-similés : Ph. © L'Equipe/Presse-Sports ; p. 112 ht : Ph. © DR ; bas : Ph. © Aixam Mega ; p. 112 et 113 : Ph. © Castiglioni, Luigi/ Publicis Conseil ; p. 113 bas : Ph. © Renault Communication-Droits Réservés ; p. 114 ht : Ph. © M. Ginfray/ Gamma Rapho ; m : Ph. © Citroën Communication/ Laurent Lacoste ; p. 115 : Ph. © DR ; p. 116 bas g : Ph. © DR ; d : Ph. © Collection Kharbine-Tapabor ; p. 117 ht : Ph. © L'Aventure Peugeot ; bas : Ph. © Patrick Aventurier/Gamma Rapho ; p. 118 ht : Ph. © L'Aventure Peugeot ; bas : Ph. © L'Aventure Peugeot ; p. 119 ht : Ph. © L'Aventure Peugeot ; bas : Ph. © L'Aventure Peugeot ; p. 120 m : Ph. © Renault Communication - Droits réservés ; bas : Ph. © DR ; p. 121 bas : Ph. © Renault Communication - Droits réservés ; ht : Ph. © Renault Communication - DR ; p. 122 m : Ph. Coll. Citroën Communication © Christian Martin ; bas : Ph. © L'Aventure Peugeot ; p. 123 ht : Ph. © Dingo ; m : Ph. © L'Aventure Peugeot ; bas : Ph. © L'Aventure Peugeot ; p. 124 ht : Ph. © DS Automobiles ; bas : Ph. © Venturi Automobiles ; p. 125 ht : © Julien Oppenheim/Renault Communication ; m : Ph. © Jean-Brice Lemal/Renault Communication.

Imprimé en Chine
Dépôt légal : septembre 2020
326034/01 - 11044141- juillet 2020